HUBERT MESSNER
LENZ KOPPELSTÄTTER

EINE
GUTE ZEIT
ZU LEBEN

HUBERT MESSNER
LENZ KOPPELSTÄTTER

EINE
GUTE ZEIT
ZU LEBEN

Die Welt ist besser, als wir denken

LUDWiG

Cradle to Cradle Certified® ist eine eingetragene Marke
des Cradle to Cradle Products Innovation Institute.
Das Etikett ist kein Bestandteil der erlangten
C2C Zertifizierung bei GGP Media.

Penguin Random House Verlagsgruppe FSC® N001967

Originalausgabe 06/2023

Copyright © 2023 by Ludwig Verlag, München,
in der Penguin Random House Verlagsgruppe GmbH,
Neumarkter Straße 28, 81673 München
Redaktion: Angelika Lieke
Umschlaggestaltung: Eisele Grafik-Design, München,
unter Verwendung eines Fotos von:
Kay Blaschke/Penguin Random House
Satz: Leingärtner, Nabburg
Druck und Bindung: GGP Media GmbH, Pößneck
Printed in Germany
ISBN: 978-3-453-28162-2

www.Ludwig-Verlag.de

INHALT

1

WAS IST LOS MIT UNSERER WELT?

In was für eine Welt werden unsere Kinder da nur hineingeboren? Diese Frage! Immer und immer wieder wird sie mir gestellt. Von werdenden Müttern, werdenden Vätern. Kinder in diese Welt setzen? Ist das nicht verantwortungslos? Wozu ein Kind, wenn die Welt doch so ein schrecklicher Ort ist?

Klimakrise, Corona, Krieg. Wir leben in schwierigen Zeiten, da kommen solche existenziellen Fragen auf, das ist ganz natürlich. Ebenso wie die Sehnsucht nach Besserung. Manchmal auch nach verklärter Vergangenheit.

Eine Vergangenheit, in der Kinder eine Selbstverständlichkeit waren. Ein sozialer Imperativ. Und heute? Sind sie es mehr denn je! Sie waren, sind und bleiben der Kern der Gesellschaft, auch wenn sich die Familienstruktur über die Jahre verändert hat, soziale Netzwerke weggefallen sind.

Die Debatte zur Ethik des Kinderkriegens ist nicht neu, wir führen sie seit über einem halben Jahrhundert – tragen sie in unserer postmodernen Zeit von Krise zu Krise. Keine Krise hat uns jedoch, zum Glück, zu dem Schluss kommen lassen, dass Kinder nicht *Zukunft* bedeuten, auch wenn die Frage, ob Kind oder nicht, schlussendlich stets eine persönliche, individuelle bleibt.

Eines ist klar: Es sind unsere Kinder, die nächsten Generationen, die in Zukunft etwas bewegen werden, sie haben die Kraft dazu – die Kraft, auch Krisen zu überwinden.

Es ist an uns, ihnen die Wege dafür zu ebnen.

Wir haben oftmals einen verklärten Blick auf das Vergangene, auf das *Damals*, das allerdings niemals so war, wie wir es heute manchmal herbeisehnen. Noch nie in der Geschichte der Menschheit hatte ein Neugeborenes so viele Chancen, ein schönes, erfolgreiches, glückliches, bereicherndes, gutes Leben zu führen, wie heute. Es gab in der Menschheitsgeschichte noch keinen Tag, an dem ein Kind so sicher, so gut betreut und behütet auf die Welt kommen konnte, wie es heutzutage der Fall ist.

Das Heute ist besser als das Gestern. Alleine schon deshalb, weil die Wahrscheinlichkeit, dass Babys und Kinder versterben, auf ein Minimum reduziert wurde. Die Startrampe ist geebnet. Die Voraussetzungen dafür, gesund und voller Energie ins Leben zu gehen, um das Beste daraus zu machen, könnten besser nicht sein. Waren niemals besser. *Früher* ganz sicher nicht.

Was ist also los mit unserer Welt?

Warum stellen wir Kinder – unsere fortwährende Existenz – infrage? Warum sehnen wir uns nach einem idealisierten Gestern?

Wann wird endlich wieder alles so normal, wie es niemals war? Nie war etwas *so wie immer*. Wenn, dann nur so *wie früher*.

Und damit nicht besser als heute.

Doch was war denn früher?

Früher, das sind die Kindheitserinnerungen. Meine liegen im idyllischen Villnößtal, im Bergdorf St. Peter, das damals mehr oder weniger um die tausend Einwohner zählte, gelegen im Herzen Südtirols. Umzingelt von hohen, schönen Bergen: den Geislerspitzen! Wiesen, der Bach, der Wald, Kühe. Eine unbeschwerte Kindheit, ja, aber auch eine harte Kindheit.

Ob man Kinder in die Welt setzen sollte oder nicht, diese Frage stellte sich unseren Eltern damals überhaupt nicht.

Kinder waren Mittel zum Zweck. Vor allem bei den Bergbauernfamilien. Ein Kind war zwar ein Mund mehr, der gefüttert werden wollte, aber es waren gleichzeitig auch zwei Hände mehr, ein Kopf mehr, eine Arbeitskraft mehr. Kinder sicherten die Existenz. Die Bauernfamilien waren Selbstversorger. Sie lebten von ihrem Gemüse, von der Milch ihrer Kühe, vom Fleisch ihrer Schweine, den Eiern ihrer Hühner, vom Garten hinterm Haus.

Die Arbeit der Kinder wurde dringend gebraucht. Bauernfamilien im Villnöß der 1950er-Jahre hatten zahlreichen Nachwuchs. In manchen gab es sieben, in einigen zwölf Kinder. Handwerkerfamilien wie die des Schmieds, des Maurers, des Schneiders, des Bäckers oder des Steinmetzes hatten weniger. Denn in diesen Berufen konnten die Kleinen nicht als Arbeitskraft eingesetzt werden. Dennoch waren es auch hier meist drei, vier Kinder.

Erinnere ich mich daran, wie wir spielten, am Fluss, im Wald, Fußball auf einer Wiese, so habe ich Dutzende Kinder vor Augen. Doch viele starben auch. Das gehörte zum Alltag. Bei Begräbnissen wurden die kleinen weißen Särge zum

Friedhof von St. Peter getragen. Die Musikkapelle spielte einen Trauermarsch. Kleine weiße Kreuze reihten sich aneinander. Es war nicht selbstverständlich, dass ein Kind lebt. Überlebt. Es bis ins Erwachsenenalter schafft. Das wussten die Familien.

Den Tod? Nahm man in Kauf, er war etwas Natürliches. Etwas Gegenwärtiges. Man rechnete stets damit.

Engelskinder wurden jene Kinder genannt, die nur ein paar Tage, Wochen, Monate zu leben hatten. Viele von ihnen starben schon bei der Hausgeburt auf den Höfen. Obwohl die Hebammen über viel Erfahrung verfügten, kamen sie dennoch oft an ihre Grenzen. Sie hatten ihr Wissen, das über Jahre und Generationen weitergetragen wurde, hatten ihre Hände, ihren Verstand, ihre Kraft. Ihren sechsten Sinn. Was sehr viel war. Aber oft einfach nicht genug. Eine Geburt zu Hause war ein Risiko, ein gefährliches Unterfangen.

Heute haben wir auf Geburtsstationen komplexe Gerätschaften zur Verfügung: elektronische Überwachungscomputer für das Ablesen der Herzfrequenz des Kindes und der Wehentätigkeit, Ultraschall-Equipment, Geräte für die Mikroblutanalyse bei Verdacht auf Sauerstoffmangel. Ein Team von jahrelang an Universitäten ausgebildeten Ärztinnen, Ärzten und Hebammen steht bereit, um Mutter und Kind zu unterstützen, das Risiko der Gefahr auf ein Minimum zu reduzieren. Heute stirbt bei der Geburt kaum noch ein Kind. Und auch keine Mutter. Im Normalfall.

Damals?

Steißlage? Das Kind riskierte zu sterben. Querlage? Da war das Todesrisiko für die Mutter enorm. Kaiserschnitt auf dem Hof irgendwo abseits in den Bergen? Gab es nicht.

Überlebte das Kind, warteten bereits die nächsten Gefahren: tödliche Infektionskrankheiten. Pocken, Tuberkulose, Masern, Kinderlähmung. Krankheiten, die wir heute dank Impfungen an den Rand gedrängt haben. Sie sind beinahe nicht mehr existent, größtenteils ausgerottet. Man kennt diese Krankheiten heutzutage gar nicht mehr, sie sind nicht mehr in unserem Bewusstsein. Ein großer Fortschritt der Medizin!

Damals jedoch waren sie allgegenwärtig. Sie gehörten zum Leben als Kind oder Jugendlicher einfach dazu. Die Kindheit und Jugend im Villnößtal meiner Erinnerungen war ein blindes Herumtappen zwischen diesen – manchmal tödlichen – Fallen.

Aber nicht nur im abgelegenen Tal. Auch draußen, hinter den Bergen, in den Städten. Auch in Brixen, in der Stadt, in der ich einige Jahre zur Schule ging.

Es war das Jahr 1966. Eine Scharlach-Endemie ging um. Neben dem städtischen Krankenhaus wurde eine Quarantänestation eingerichtet. Ganz ähnlich wie zuletzt in den Krankenhäusern bei der Covid-Pandemie. Jeden Tag saßen weniger Kinder in der Klasse der Klosterschule, die ich besuchte. Irgendwann waren wir nur noch zu dritt. Auch nachts im großen Schlafraum. Das war beängstigend. Wir wurden nicht mehr unterrichtet, tagelang lief ich durch die Arkaden des Klosters, meine Schritte hallten unter den Gewölben. Sonst war nichts zu hören, kein Schülergeschrei, kein Schimpfen der strengen Padres. Erst nach Wochen kehrten die ersten Mitschüler aus der Isolation zurück, dann kamen immer mehr. Aber nicht alle.

Die Kindheit war ein Kampf gegen Krankheiten in den Fünf-
ziger- und Sechzigerjahren des letzten Jahrhunderts.

Die Trauer war da, natürlich, aber es war eine leise Trauer,
eine in sich gekehrte. Beinahe eine schamhafte. Es gab kein
großes Aufsehen. Es wurde nie laut ausgesprochen, aber
eine Mutter, die ein Kind verlor, schämte sich. Ein Vater
ebenso. Weil ein verlorenes Kind auch den Beigeschmack
der Strafe in sich trug. Der Strafe Gottes. Es wurde geredet
und gemunkelt im Dorf. Irgendeinen Grund wird der liebe
Gott schon gehabt haben, das Kind sterben zu lassen. So
dachten damals die Menschen in den Tälern, in den Berg-
dörfern.
    Die Welt war klein damals. Die Berge umzingelten uns.
Wir lebten unser Leben da unten im Tal. Der Allmächtige
schaute zu uns herab.

Kinder waren der Lauf der Dinge. Wurde in einer jungen Familie über ein, zwei Jahre kein Nachwuchs geboren,
klopfte eines Tages der Herr Pfarrer an die Tür, setzte sich in
die Stube, ließ sich einen Kräutertee oder einen Schnaps
bringen, fragte schließlich, was los sei. Ob denn alles in Ordnung sei.
    Zu uns, zu den Messners, der Lehrerfamilie, kam er nie.
Zumindest nicht aus diesem Grunde. Wir waren zu neunt.
Ich hatte fünf ältere Brüder, zwei jüngere und eine ältere
Schwester. Helmut, Reinhold, Günther, Erich, Waltraud,
Siegfried, Hansjörg, Werner.
    Weil das Lehrergehalt nicht reichte, hatten wir auch eine
kleine Hühnerfarm. Jedes der Kinder half mit. Wir fütterten
die Tiere, misteten die Ställe aus, sammelten die Eier ein,

wogen sie. Kam Vater von der Schule nach Hause, musste der Hof so sauber wie möglich sein. Ordnung war für ihn das Wichtigste. Ab und an nahm mein Vater mich mit, wenn er in die unterschiedlichsten Täler und Dörfer Südtirols fuhr, um die Küken und Jungtiere zu verkaufen. In Kartons mit Luftlöchern abgepackt. Manche Kartons waren für dreißig Küken, andere für fünfzig, einige nur für zehn.

Mein Vater besaß einen *Austin Mini Countryman*, Baujahr 1967, mit einem großen Kofferraum und einer Holzverkleidung am Heck. So fuhren wir in der Früh los, noch bevor es hell wurde. Wir besuchten Hof um Hof, lieferten die bestellten Küken ab; wenn abends auf dem Nachhauseweg im Kofferraum nichts mehr piepte und schrie, war mein Vater zufrieden. Alles verkauft. Dann spendierte er uns beiden oft ein Abendessen in einem Dorfgasthaus. Speckknödel in der Suppe. Er trank dazu ein Glas St. Magdalener, ich bekam eine Orangenlimonade. Manchmal, wenn Vater mich nicht brauchte, half ich bei Bergbauern aus, als Hirtenjunge, als Hilfskraft im Stall. Die Bauern waren glücklich, doch sie fristeten ein karges Leben. Ihr Alltag war hart.

Sie lebten in den typischen Bauernhöfen mit einem Unterbau aus Steinen und einem Aufbau aus Holz, daneben der Stadel. Die Rußküche war oft der einzige beheizte Raum. Von dort wurde aber in den kalten Wintertagen der überwölbte, weiß verputzte Kachelofen der Stube geheizt. Das Plumpsklo war am Ende eines Ganges oder Balkons. Uns unten im Tal ging es ein bisschen besser. Wir hatten fließendes Wasser, in den Zimmern wurde jedoch ebenso nicht geheizt. Wir Kinder schliefen in Stockbetten, jeweils vier in einem Raum, unsere Schwester hatte ein kleines Zimmer für sich.

Wenn wir froren, schlüpften wir zusammen in ein Bett,

wärmten uns gegenseitig. Wir überlebten alle neun. Was keine Selbstverständlichkeit war. Erst später, als junge Erwachsene, kamen zwei meiner Brüder in den Bergen ums Leben. Günther am Nanga Parbat, 1970. Siegfried in den Vajolet-Türmen in der Rosengartengruppe, 1985. Beide Begräbnisse sind für alle Zeiten in meinem Hirn eingebrannt. Wir konnten es nicht fassen. Günther, vierundzwanzig Jahre alt ist er nur geworden, nicht mehr da. Siegfried starb mit fünfunddreißig Jahren. Vorbei. Ein Schock.

Den Tod der beiden Brüder, viel zu früh aus dem Leben gerissen, nahmen wir nicht als gegeben hin. Es waren schreckliche Unfälle. Auch der Tod von Babys, Kindern, jungen Erwachsenen war mit der Zeit unseres Älterwerdens, mit dem Heranwachsen unserer Generation, kein hingenommenes Schicksal mehr. Und das ist gut so. Im Laufe der Jahrzehnte meines Lebens erstarkten unsere medizinischen Möglichkeiten, im Bereich der Neonatologie habe ich sie hautnah miterlebt, mitgestaltet.

In den vergangenen hundert Jahren hat sich die Säuglingssterblichkeit entschieden reduziert. Besonders in Europa. Die Kindersterblichkeit in den ersten fünf Lebensjahren ebenso. Und zwar um das Hundertfache, auf 3,5 pro tausend Kinder in Europa pro Jahr. Noch im Zweiten Weltkrieg war sie höher als die Anzahl der durch den Krieg gefallenen Soldaten.

Die Säuglings- und Kindersterblichkeit ist ein sensibler Indikator für das Wohlergehen und die Entwicklung einer Gesellschaft. In diesem Sinne ist sie ein Spiegelbild. Unsere Kinder sind das Spiegelbild unserer selbst.

Wir bewegen uns auf der Schwelle zu einer besseren

Welt – wenn wir nur wollen und danach handeln. Beispiele aus dem zuletzt so viel gescholtenen Gesundheitswesen: Wir sind kurz davor, Aids zu heilen, Krebs als lebensbedrohende Krankheit hinter uns zu lassen. Wir bringen Frühchen in der vierundzwanzigsten Schwangerschaftswoche wohlbehalten zur Welt. Dank modernster Medizin!

Ist unsere derzeit so chaotische, aus den Fugen geratene Welt trotz all dieser Errungenschaften tatsächlich kein guter Ort mehr für Kinder, für neues, menschliches Leben?

Ich erinnere mich daran, dass genau diese Frage schon einmal im Raum stand. Alles andere verdrängend. Lange ist es her. Ich war Medizinstudent. In Innsbruck. Zu Beginn der 1970er-Jahre. Uns jungen Menschen öffnete sich ein Leben voller Möglichkeiten. Ich schaute erstmals raus, hinter die Berge Südtirols, und sah: eine Welt in Flammen. Vietnamkrieg, Nordirlandkonflikt, Bombenanschläge im Baskenland, die blutige Revolte der *Roten Armee Fraktion* in Deutschland und die der *Brigate Rosse* in Italien.

Plötzlich war alles ganz nah. Vor der Haustür. In der Stube unseres Hauses, im Villnößtal, diskutierten wir mit Vater und Mutter über Richard Nixon und Ho Chi Minh. Wir waren von der Alpentraumwelt ins globale Geschehen katapultiert. Heile Welt? Vorbei! Wir Studenten führten heiße Diskussionen. Wir stellten alles infrage. Selbst den Menschen. Auch die Kinder.

Die Zeit war, frei nach *Hamlet*, aus den Fugen geraten, wie sie es auch heute ist. Es scheint mir, als hätten wir uns im Kreis gedreht. Wieder sind wir der Idylle entrissen. Der Idylle des westlichen Wohlstandes, in dem wir uns zuletzt über Jahrzehnte so sicher gefühlt haben. Naiv. Nun bricht scheinbar alles Böse auf einmal über uns herein. Die Pandemie. Die Klima- und Energiekrise. Der russische Angriffskrieg. Die böse Welt. Vor der eigenen Haustür. Wieder.

Wann ist das alles vorbei? Wann kehrt die Normalität zurück? Wann wird es wieder wie früher sein? Das sind die Fragen, die sich viele stellen. Oft ist es mehr ein Hoffen denn eine tatsächliche Frage. Die Welt bleibt nie stehen. Keine Sekunde. Sie verändert sich kontinuierlich. Nur wir erstarren, wir möchten in einem ersten Reflex umdrehen, zurückgehen, in die *gute, alte Zeit*, die nie das war, was wir sehnsüchtig, wehmütig in sie hineininterpretieren. Wir möchten uns damit aus jeglicher Verantwortung stehlen.

Kann man in *diese* Welt noch Kinder setzen? Ist sie noch lebenswert? Ich habe diese Frage schon damals, als junger Student, mit einem klaren *Ja* beantwortet. Ich habe mein ganzes Leben der Aufgabe gewidmet, den Kleinsten, scheinbar Schwächsten, ins Leben zu helfen. Nie habe ich das bereut, nie würde ich diese essenzielle Frage mit *Nein* beantworten. Auch heute nicht. Ein *Nein* wäre das Ende. Alles vergebens.

Wir, die wir in dieser Welt leben, haben sie so mitgestaltet, wie sie nun ist – ob uns das bewusst war oder nicht. Jetzt haben nur noch eine Möglichkeit: versuchen, es von nun an besser zu machen. Unseren Kindern und Kindeskindern eine bessere Welt zu überlassen.

Ich habe in meiner Laufbahn als Arzt 15 000 Frühchen ins Leben geholfen. Nun arbeite ich nicht mehr als Neonatologe. Ich bin ein freier Mann. Ich lebe in einem Weindorf in

Südtirol. Sommers helfe ich einer Bergbauernfamilie hoch über dem Südtiroler Vinschgau bei der Arbeit. Ich erinnere mich noch an unser Kennenlernen. Ich hatte mich bei der *Südtiroler Bergbauernhilfe* gemeldet. Man hat ein Curriculum abzugeben. Der Lebenslauf, wie man ihn von klassischen Bewerbungen kennt, interessiert dort jedoch eher wenig. Es wird vielmehr abgefragt: Hält man harte Arbeit aus? Hat man Ahnung, wie man eine Kuh melkt? Eine Sense hält? Holz hackt? Hatte ich. Also wurde ich angenommen.

Mit dem Auswahlsystem will man verhindern, dass Bewerber die reale, harte Bergbauernarbeit mit dem Klischee von ein bisschen romantischem Gratisurlaub auf dem Bauernhof verwechseln. Mir wurden ein paar Höfe vorgeschlagen, ich suchte einen aus. Ich wollte nur eines nicht: auf einem Hof arbeiten, der auch Verpflegung anbot. Ich hatte keine Lust, Wandersleuten Cola und Fanta aufzutischen. Ich wollte echte Bergbauernarbeit leisten. Und auch ich wurde – zum Glück – vom Hof, der mir gefiel, ausgesucht. Denn: Erst wenn es ein *Match* gibt, führt die Organisation Helfer und Bauernfamilie zusammen. Vorerst für einen Probetag.

Ich fuhr die schmale Bergstraße zum Hof hoch, der am steilen Hang auf 1600 Metern über dem Meer liegt. Mein Herz schlug sofort höher. Was für ein Ausblick! Auf die Ortler-Gruppe. Kleiner Angelus, Laaser Hochwand, das Hasenöhrl. Berge, die ich in meinen jungen Jahren alle erklommen hatte. Der Bauer schaute skeptisch, beinahe abweisend, erst zu meinem Wagen, einem alten Porsche, den ich zu der Zeit noch fuhr, dann zu mir. Stolzer Blick. Er drückte mit kurz und fest die Hand, stellte sich vor.

Er hatte sich, das erfuhr ich später, genauestens über mich

informiert. Der Blick sagte: So, so, der Herr Primar will jetzt also bei uns arbeiten …

Komm mit, sagte er dann, es gibt viel zu tun.

Wir gingen sogleich auf die Wiesen, er drückte mir eine Heugabel in die Hand. Wir rechten das trockene Gras zusammen, luden es auf den Karren, fuhren es fort. Erst am Abend in der Stube – ich war völlig erledigt von der harten Arbeit – stellte der Bauer seine Familie vor: die Frau, die beiden Kinder, den alten Vater, der in der Ecke beim Ofen unterm Jesuskreuz saß.

Der Alte sagte, er habe mich den ganzen Nachmittag über auf den Wiesen beobachtet.

Er sagte: Der weiß schon, wie man mit einer Heugabel umgeht, den nehmen wir.

Ich lebe nun also stets ein paar Sommerwochen oben am Hof. Für Kost und Logis. Eigene Bettwäsche. Das Bad der Familie darf ich mitbenutzen. Ich fühle mich in die Kargheit meiner Kindheit zurückversetzt. Und es tut gut. Im Wissen, dass ich jederzeit wieder in mein eigentliches Leben zurückkehren kann.

Wir arbeiten viel. Die Natur gibt den Rhythmus vor: Sobald es hell wird, geht es los. Wenn man nichts mehr sieht, ist Feierabend. Regnet es, arbeiten wir weniger, dann machen wir all das, was es so am Hof zu tun gibt: Holz hacken, den Stall säubern, Zäune reparieren, die Waale instand halten, die das Gletscherwasser zu den Behausungen transportieren – ein jahrtausendealtes Bewässerungssystem, das immer noch seinen Dienst tut. Später dann rasten wir auch mal auf der Ofenbank. Und hören dem Geräusch des prasselnden Regens zu.

Mittags wird ordentlich gegessen: Spaghetti mit Ragù, Gulasch mit Kartoffeln, *Schlutzer* mit Spinatfüllung, dazu Quellwasser vom Brunnen. Abends, immer so gegen halb neun, einfache, gute Bauernküche: selbst gemachter Speck, selbst gemachte grobe Salami, Milch von den eigenen Kühen, Käse von einem der Nachbarhöfe, etwas Salat aus dem eigenen Garten, dazu selbst gemachten Brennnesselsaft. Nichts wird weggeworfen. Bleibt doch mal etwas übrig, bekommen es die Schweine.

Das ist das Leben hier oben. Mehr braucht die Bauernfamilie nicht. Sie sind immer da. Die Kinder gehen unten im Tal zur Schule, aber der Bauer und auch sein Vater kennen nur den Hof. Die Berge ringsum. Unten im Tal, im Dorf, sind sie nur selten. Urlaub? Wozu? Einmal, erzählte mir der Bauer, seien sie zum Kalterer See gefahren, ein Nachmittagsausflug für die ganze Familie, ein Eis essen. Doch schnell ist ihnen da langweilig geworden, also sind sie bald zurück. Nach Hause, hoch zum Hof. Weil es nirgends schöner sein kann. Er ist so stolz auf sein Zuhause.

Mir tut die Arbeit gut. Sie gibt mir das Gefühl, zu gestalten, zu helfen, gebraucht zu werden. Jeder Tag ergibt Sinn. Und beschert mir eine wohlige Zufriedenheit. Von morgens bis spätabends. Mittlerweile ist der Bauer etwas gesprächiger geworden. Eines Tages reichte er mir ein Bier, da wusste ich, er mag mich. Ein bisschen zumindest.

Ja, er vertraut mir langsam. Manchmal diskutieren wir. Über Gott und die Welt, die hier oben so weit weg scheint. Und ist. Kein Handyempfang. Kein Internet. Unten brennt's, oben ist alles wie immer. Die Pandemie, die Klima- und Energiekrise, der Krieg in der Ukraine. Alles scheinbar weit weg.

Mein Bauer ist ein sturer Kopf. Seine Sicht auf die Welt ist meistens sehr konservativ. Er spricht viel vom *Früher*. Ich widerspreche ihm oft, sage ihm, dass wir durch Veränderung für das *Heute* doch auch so viel erreicht haben: durch Technik, durch die Wissenschaft, durch Fortschritt, durch die internationale Vernetzung, durch …

»Pah!«, sagt er dann.

Und wir grinsen – beide.

Der Bauer mag vieles anders sehen als ich, aber blöd ist er nicht. Er sehnt sich nach Einfachheit, danach, dass sich seine Welt nicht verändern möge, aber er weiß ganz genau, dass sich vieles verändern muss, damit seine kleine Welt, wie er sie kennt und liebt, überhaupt eine Chance hat.

Er hat das Dach des Stadels mit Photovoltaik-Anlagen verkleidet, er hat viel Geld in eine zentrale Milchanlage und eine automatisierte Mistanlage investiert, er hat einen Heubelüfter und einen Heukran installiert, er denkt in Generationen. Er ist nur ein Zahnrad der Zeit, der den Hof von seinem Vater übernommen hat und irgendwann selbst weitergeben wird. Er ist sehr glücklich, dass eine seiner Töchter in seine Fußstapfen treten will. Das war sein Lebensziel. Es gibt schlechtere Lebensziele. Lange hatte er sich gegen Neuerungen gesträubt, aber die Tochter hat ihn überzeugt. So wie er damals, als sein alter Vater ihm den Hof übergeben hatte, mit neuen Ideen an die Sache ranging.

Lauf des Lebens. Lauf der Welt.

Ob der Bergbauernhof überleben kann? Ich weiß es nicht. Es wird schwer. Vielleicht ja, wenn die Milchpreise nicht irgendwann ins Bodenlose fallen. Ich weiß aber ganz sicher, es lohnt sich für die Bauernfamilie, dafür zu kämpfen. Und es lohnt sich, ihnen zu helfen. Sonst machte alles keinen Sinn.

Ich bin überzeugt: Wir haben eine Welt voller bester Voraussetzungen – eigentlich. Machen wir etwas daraus. Wir denken, wir stehen am Abgrund, es mache keinen Sinn mehr, Leben in diesen Planeten zu setzen. Dabei müsste uns die Erfahrung des menschlichen Daseins doch zeigen: Die Menschheit entpuppte sich immer wieder als anpassungsfähig, als lernfähig, als wandlungsfähig. Wenn auch oft erst – dummerweise – im letzten Moment.

Die Geschichte der Menschheit ist wie die jedes entstehenden Leben selbst eine waghalsige Gratwanderung. Daran habe ich oft gedacht in den vergangenen Sommern bei meiner Arbeit oben am steilen Hang, die in manchen Aspekten ganz anders ist als die Arbeit im Krankenhaus. Auf einer anderen Ebene aber doch wieder sehr ähnlich: Ein Kind kommt auf die Welt, ein Frühchen, es wandelt auf diesem Grat. Von der ersten Sekunde an. Schon das Neugeborene ist ein Überlebenskünstler, ein Wandlungskünstler. Der Mensch bleibt dies sein ganzes Leben lang. Er ist ein Verwandlungstier, ein Meister der Evolution.

Auch der Bauer oben am Hang.

Ich bin ein optimistischer Mensch. Das hat mich gut durch das Leben getragen. Das brauchen wir in dieser Zeit zuallererst: Optimismus! Und die Chancen, dass der Optimist nicht naiv durchs Leben geht, sondern durchaus realistisch, stehen gar nicht so schlecht. Der Bauer auf dem Hof am steilen

Hang über dem Vinschgau hat vielleicht eine Chance. Und er nutzt sie. Um unsere freie Welt – Demokratie, Menschenrechte, Gleichberechtigung, Wohlstand – steht es besser als um seinen Hof. Die Chance liegt in unseren Händen.

2

EINE GUTE ZEIT ZU LEBEN

Hoffnung – trotz allem

Es war ein schöner Tag im Frühsommer, wir saßen mit guten Freunden, die wir seit Ausbruch der Pandemie nicht mehr gesehen hatten, in einem Dorfgasthaus in den Bergen zusammen. Nun spazierte ich mit meiner Frau noch ein wenig durch die Gassen. Die strengen Lockdowns, bei denen wir in Südtirol wochenlang das Haus nicht verlassen durften, lagen hinter uns. Endlich durften wir wieder raus. Wir inhalierten gierig die milde Bergluft, ein kleiner Lichtmoment nach den dunklen zurückliegenden Wochen und Monaten, wie gut so etwas tun konnte. Ein bisschen schöner Alltag. Ein wenig Sonne, ein gutes Gespräch, ein wenig Genuss. Eine Hand halten, ein Kuss.

Ein Vespa-Fahrer kam uns entgegen, fuhr an uns vorbei, wir gingen weiter, ich hörte im Hintergrund, dass die Vespa stoppte, dass der Fahrer wendete, nun wieder auf uns zusteuerte. Wir drehten uns nun ebenso um, der Mann hielt erneut an, ließ das Motorrad zurück, lief in unsere Richtung. Schwarzer Helm, dunkles Visier.

Ich dachte mir zunächst, das ist wohl der Vater eines Frühchens, das ich im Laufe meiner Jahre als Neonatologe betreut habe. Vielleicht wollte er mich grüßen, ein paar Worte wechseln, sich bedanken. So etwas passiert mir ab und an.

Doch der Mann nahm den Helm nicht ab. Ich weiß bis heute nicht, wie er aussah. Der Unbekannte begann sofort, auf mich und meine Frau einzubrüllen:

Messner, du bist ein korruptes Schwein! Du hast dich der Impfindustrie hergegeben. Du hast dir vom Geld der Pharmariesen Häuser in Sardinien und der Schweiz gekauft. Das hätte ich von dir nie gedacht. Ihr Ärzte seid alle gleich. Schäm dich! Lass dich in diesem Dorf nie wieder blicken!

Es folgte ein Potpourri an Verschwörungstheorien: *Deep-State*, implantierte Chips, Bevölkerungsaustausch, Bill Gates, die Rothschilds. Ich war völlig überrumpelt. Als ich mich gegen Ende seiner Tirade endlich aus der Starre lösen konnte, sagte ich nur drei Worte: *Vergiss das alles!*

So ließ ich den Mann zurück. Es hatte mich sehr viel Contenance gekostet, nicht zurückzubrüllen. Dass der Mann den Helm nicht abgenommen hatte, hat mich vor allem anderen – der Aggressivität, der Lüge – am meisten geärgert.

Ich will mich mit jemandem auseinandersetzen können. Von Angesicht zu Angesicht. Dieser Mensch eignete sich in der Anonymität des Netzes all diese Unwahrheiten an, und er übertrug seinen anonymen Hass auf Ärzte und alles in seinem wirren Hirn Mögliche in die echte Welt. Ohne den Mut zu haben, den Helm abzunehmen, in die Realität einzutreten, mir ins Gesicht zu schauen.

Was hat die Pandemie bloß aus uns gemacht? Die vermeintlich gute alte Zeit, sie scheint plötzlich Lichtjahre von uns entfernt, wie eine längst vergangene Dekade aus den Geschichtsbüchern. Das Virus, die Lockdowns, der Graben zwischen Impfbefürwortern – ich selbst stand Pate für die Impfkampagne in Südtirol – und Impfgegnern, die oftmals immer mehr in die Wirren der Verschwörungstheorien abgerutscht sind, das alles hat uns aus der gewohnten, vertrauten Bahn geworfen, die sich Alltag nennt. Als Individuen, aber auch als Gesellschaft.

Diese Begegnung mit dem aggressiven, anonymen Vespa-Fahrer war für mich Sinnbild dafür, was kaputtgegangen ist. Ein kleines Betacoronavirus, *SARS-CoV-2* genannt, das irgendwo auf einem Tiermarkt in der Elf-Millionen-Stadt Wuhan, in der zentralchinesischen Provinz Hubei, wohl von einer Fledermaus auf einen Menschen übergesprungen ist, hielt die Welt in den vergangenen drei Jahren in Atem. Es befiel uns rasant, es tötete. Es schwächte uns.

Aber nicht nur unser individuelles Immunsystem. Auch unser Gesellschaftssystem geriet ins Wanken. Die Pandemie brachte einen rasanten Vertrauensschwund auf zahlreichen gesellschaftlichen Ebenen mit sich: Politik, Wirtschaftssystem, Gesundheitssystem, Ärzteschaft – *die da oben*. Lügen doch alle! Sind doch alle von der Pharmaindustrie bezahlt! Alles, jegliches wissenschaftliche Wissen, wurde hinterfragt. Was im eigentlichen Sinne gut ist, denn nichts, kein Mensch, kein System ist unfehlbar. Doch das Hinterfragen wurde zu Hass, die Fronten verhärteten sich.

Unüberbrückbar?

Das, dieser Moment mit dem Motorrollerfahrer, war für mich symbolisch der Tiefpunkt dessen, was uns gesellschaftlich passieren darf. Der Tiefpunkt dessen, was die Pandemie – als letzter Funke – mit unserem auf der Kippe stehenden gesellschaftlichen Gefüge anrichten konnte. Diesen Menschen, den aggressiven Mann, haben wir verloren. Beispielhaft für viele. Dieser Mensch hat das Vertrauen in mich als Mensch, Hubert Messner, und in mich als Arzt verloren. Wohl für immer.

Er sagte: *Lass dich hier nie wieder blicken.*

Eine Drohung. Er glaubt, und tut es wohl auch, für viele zu sprechen. Die körperliche Bedrohung ist nicht zu akzeptieren, dennoch tut mir der Mann leid. Richtig Sorge macht mir jedoch anderes. Und zwar jene Kräfte, die diesen Mann und Tausende andere instrumentalisieren.

Werden wir uns je wieder von alldem erholen? Von der Pandemie und der Negativspirale, die sie mit sich brachte? Und wenn ja, kann vielleicht sogar etwas Gutes aus dieser schrecklichen Zeit hervorgehen? Einige Schlüsselmomente haben mich als Mensch und Arzt, als der ich die Entwicklung des Gesundheitssystems in den vergangenen Jahren zunehmend kritisiert habe, zum Nachdenken gebracht. Haben mir Positives wie Negatives vor Augen geführt.

Für mich persönlich begann das alles, dieser Wahnsinn, am 1. Februar 2020, an einem kalten, unvergesslichen Winterabend. Ich setzte mich noch einmal an meinen Schreibtisch, Vorbereitungen für eine Reise standen an. Seitdem ich nicht mehr in der Neonatologie arbeitete, flog ich regelmäßig im Rahmen eines deutsch-chinesischen Projektes zur Verbesserung der neonatologischen Versorgung mit mehreren Kollegen in unterschiedliche Millionenstädte der Volksrepublik. Wir berieten die dortigen Neonatologen – mit besonderem Augenmerk auf die künstliche Beatmung von Neugeborenen.

Eine neue Mail in meinem Postfach. Von einem befreundeten chinesischen Arzt.

Liebe alle,

ich, und die meisten Chinesen mit mir, wurden in die Irre geführt. Es gibt kein Zurück mehr. Die Infektionszahlen fallen nicht. Sie steigen weiter. Die Regierung hat sich aus der Verantwortung gezogen. Den großen Krankenhäusern ist es verboten, das wahre Geschehen auf den Corona-Stationen zu kommunizieren. Wir Ärzte behandeln die Patienten ohne jeglichen Schutz. Jene Ärzte, die in den sozialen Medien aufklären, bekommen Polizeibesuch. Ich bin kein bisschen optimistisch. Das alles wird ganz sicher nicht schnell vorübergehen. Euer Besuch im April muss wohl abgesagt werden.

Ich las. Rieb mir die Augen. Las noch einmal. Ich konnte es nicht glauben. *Es gibt kein Zurück mehr. Das alles wird ganz sicher nicht schnell vorübergehen.*

Am 9. März wurde über ganz Italien und somit auch über Südtirol ein harter Lockdown verhängt. Absolute Ausgangssperren, strenge Kontrollen. Nichts, absolut nichts ging mehr. Das Virus wütete.

Und ich kehrte aus dem Ruhestand zurück. Ich weiß, ich hätte es nicht tun müssen. Eigentlich. Und doch musste ich.

Weil ich Arzt bin. Im eigentlichen Sinne. Immer noch. Weil man das nicht ablegt, mit dem Kittel am Haken.

Will ich hier wirklich arbeiten? Das fragte ich mich dennoch in den ersten Tagen. Die Bilder von Bergamo mit den nächtlichen Lastwagenkolonnen voller Särge hatten wir alle im Hinterkopf. Ich wusste – und es trat genauso ein –, ich würde es in den kommenden Wochen mit schlimmen Fällen zu tun haben.

Ich stand also wieder da. Neben dem Krankenhaus. Vor einem weißen Zelt für die Patientenaufnahme. Mein erster Tag. Ich trat ein in die improvisierte, neu errichtete Covid-Station. Ich trug einen weißen Schutzanzug, wie aus einem Science-Fiction-Film, Überschuhe, doppelte Handschuhe, Maske, Brille. Das Anziehen musste gelernt werden und geschah unter Aufsicht. Das Ausziehen ebenso.

Und, das mag jetzt absurd klingen, ja, ich fühlte mich wohl dabei. Ich hatte Respekt vor der Aufgabe. Vor dem Virus. Aber keine Angst. Ich trat nicht ein in einen Bürokratiewahnsinn, der mich am Ende meines Arbeitslebens nur noch frustriert hatte: Sparmaßnahmen, *Spending review*, Dokumentationszwänge, Ökonomisierung, ein ständiger Kampf um Stellennachbesetzungen. Wir Chefärzte wurden zunehmend zu Ärzte-Managern, sahen die Patienten immer seltener, hockten immer öfter über Papieren, vor dem Computer. Das war nicht das, was ich in meinem Leben machen wollte. Darin sah ich für mich keinen Sinn.

Nun aber trat ich ein in eine Station, in eine Covid-Subintensivabteilung, in der es um das Wesentliche ging.

Plötzlich war ich in einer ganz anderen Welt als in der, die ich verlassen hatte – in Richtung Pension. Kampf ums Überleben. Ich merkte, diese Menschen brauchten uns. Die Patienten waren verzweifelt. Sie hatten Angst vor dem Sterben. Wir konzentrierten uns auf das Eigentliche des Arztberufs: da sein! Vertrauen schaffen. Reden. Zuhören. Sich nicht hinter dem Schreibtisch verstecken. Geschlossene Tür. Hinter dem Zynismus, dem zahlreiche Ärzte über die vergangenen Jahrzehnte – aus Frust wohl – verfallen sind. Götter in Weiß? Nichts dergleichen.

Ich arbeitete inmitten einer jungen zusammengewürfelten Truppe, mit jungen Ärztinnen und Ärzten aus den verschiedenen Disziplinen der Medizin, Kolleginnen aus der Inneren, Geriater neben junge Chirurgen, Kinderärzte neben Kardiologinnen, Neurologen neben Nephrologen, Urologinnen neben Augenärzten, dazu Krankenpflegerinnen aus allen Abteilungen, alle unglaublich motiviert, kreativ.

Jeder brachte sein spezifisches Wissen ein. Ich war der Älteste. Wir arbeiteten auf Augenhöhe zusammen. Ohne Hierarchien. Das fand ich schön. Wir standen alle gemeinsam vor der Wand des Nichtwissens, was dieses Virus betraf. Der gegenseitige Respekt war groß, und wir versuchten, den Patienten die bestmögliche Behandlung zu bieten. Jede einzelne Ärztin, jeder Arzt nahm sich selbst zurück. Es war ein gemeinsames Arbeiten, die Patientinnen und Patienten standen für alle im Mittelpunkt. Ich brachte meine Erfahrungen im Bereich der nicht invasiven Beatmung ein, da kannte ich mich aus. Wir arbeiteten, oft bis an unsere Grenze, aber es fühlte sich nicht wie Arbeit an. Mehr wie Bestimmung.

Bereits an meinem ersten Arbeitstag verstarb eine fünfundsechzigjährige Patientin so schnell und unerwartet, wie ich es in meiner gesamten Laufbahn selbst bei mit Atemproblemen auf die Welt gekommenen kleinsten Frühchen nie erlebt hatte. Es kam mir vor, als dauerte es tatsächlich nur einen Wimpernschlag.

Wir betreuten die Frau mit einer Sauerstofftherapie, machten in regelmäßigen Abständen einen Lungenultraschall. Meine Kollegen hatten am Tag zuvor beobachtet, dass sich die Atmung leicht verbessert hatte, auch an diesem meinem ersten Tag sah die Lunge recht erholt aus. Wir waren guter Dinge.

Ich verabschiedete mich von der Patientin, sagte ihr, einer von uns Ärzten werde am Abend noch einmal vorbeischauen, doch ich schaffte es kaum bis zur Tür, als mir die Krankenschwester, die am Bett zurückblieb, hinterherrief.

»Dr. Messner, schnell!«

Ich drehte mich um, hastete zum Bett zurück, da atmete die Frau schon nicht mehr. Ich verstand das nicht, eben noch hatte ich doch mit ihr geredet, sie war bei Bewusstsein gewesen, hatte auch einige Worte gesagt, genickt, wenn ich gesprochen hatte.

Wir versuchten, sie zu reanimieren, lange. Herzmassage, Intubation. Nichts, keine Chance. Sie war weg. Tot. Sie war trotz Thromboseprophylaxe an einer massiven Lungenembolie verstorben.

Die Gesichter der gestorbenen Patienten – viele davon alte Frauen und Männer, einige mit Alzheimer oder Tumoren als Vorerkrankung, aber auch jüngere ohne vorhergehende Probleme – werde ich bis heute nicht los. Wie sie trotz

Sauerstoffzufuhr schwer atmeten, wie ihre Lungen geradezu panisch versuchten, Luft zu bekommen. Ihre weit aufgerissenen Augen. Besonders diese Blicke ins Leere berührten und bedrückten mich.

Ihr Verlorensein. Meine eigene Hilflosigkeit. Ihre Angst. Vor dem Sterben. Wir hatten alle keine Ahnung, wie viele Wochen, Monate das gehen würde. Auch nicht, ob wir Ärzte uns selbst bald anstecken würden.

Ich erkannte die Parallelen zu meiner Zeit als Neonatologe – aber auch Unterschiede. Ich brauchte als junger Arzt lange, um zu verstehen, zu akzeptieren, dass Frühchen, die es nicht schafften, nicht *zu früh* starben. Dass sie starben, weil sie nicht genug Kraft zum Leben hatten. Dass sie, so hatte ich es immer empfunden, an der Schwelle zum Leben entschieden, es nicht antreten zu wollen. Vielleicht half mir dieser Gedanke dabei, das zu akzeptieren.

Bei den jüngeren Menschen, die nun auf unserer Covid-Station starben, war das nicht so. Ihre Zeit war nicht gekommen – eigentlich. Sie wollten leben. Doch sie hatten einen Feind. Das Virus. Sie kämpften gegen das Sterben. Wir kämpften mit ihnen – und wenn wir jemanden retten konnten, war das ein beinahe magisches Gefühl.

Ich spürte von Tag zu Tag deutlicher: Wir stehen hier an einer Schwelle zu einem möglichen Neuanfang. Diese dunklen Tage, Wochen, Monate konnten auch Momente des Aufbruchs sein. Ein keimendes Pflänzchen. Weit über den Wahnsinn der Pandemie hinaus, die als Begleiterscheinung beängstigende Vertrauensverluste und Brüche in der Gesellschaft mit sich brachte. Gegenseitiges Vertrauen – in der

Covid-Station nahm es antizyklisch wieder zu. Zwischen dem medizinischen Personal untereinander. Zwischen Ärzten und Patienten.

Ich spürte, dass ich mit diesem Gefühl nicht alleine war. Es wurde von Tag zu Tag stärker in unserer Station. Und so gab uns – so schizophren auch das wiederum klingen mag – jeder neue Tag in dieser herausfordernden Ausnahmesituation nicht nur neue Kraft, sondern auch Zuversicht. Auf eine ganz besondere Art das Gefühl, das absolut Richtige zu tun.

Niemand saß einfach nur so im Büro herum, niemand schrieb unnötige E-Mails, niemand ärgerte sich über zu viel Papierkram, der wurde einfach ignoriert oder, wenn dringend nötig, von anderen übernommen. Alle arbeiteten hoch konzentriert und bis an den Rand der Erschöpfung am Patienten.

Ich sah die Angst in den Augen der Patientinnen und Patienten, ja, aber ich sah auch bei dem wenigen, was ich oftmals tun konnte, wie viel dieses wenige für einen Menschen in Todesangst sein konnte. Das kurze Halten einer kraftlosen Hand. Das einfache Dasein. Still dasitzen. Sich in die Augen schauen. Nichts sagen. Die Patienten zeigten Dankbarkeit. Mit einem Blick, einem Augenaufschlag.

Das alles bescherte mir eine enorme Zuversicht. Auch in den schlimmsten Tagen der Pandemie. Ich konnte für diese Menschen da sein, nicht nur als Arzt. Sondern als Mensch. Sie stärkten meinen Optimismus. Den Glauben daran, dass alles, irgendwann, gut werden würde.

Durch meinen Freund in China, ich will ihn hier Chen Lu nennen, hofften wir, einen kleinen Wissensvorsprung gewonnen zu haben. Darin sahen wir eine Chance. Einen Blick in die Zukunft sozusagen. Zufällig. Glücklicherweise.

Wir schrieben uns hin und her. Er sagte, das Virus wüte in China schon seit Oktober. Nicht erst seit Dezember, wie die Regierung verlautbarte. Ich war im Oktober selbst zuletzt da gewesen. Zunächst in Shanghai an der *Fudan University*, eine Woche später im Süden Chinas am *Fuzhou Children's Hospital* in der Provinz Fujian.

Ein Kollege, der dabei gewesen war, fühlte sich bald nach dem Rückflug unwohl. Wir waren ein paar Tage später auf einem Kongress in Miami, da hatte er Schüttelfrost und hohes Fieber. Es hielt mehrere Tage an, dann wurde es besser. Covid? Wir wissen es nicht. Wir hatten damals noch nichts davon gehört. Er hat sich jedenfalls ohne irgendwelche Komplikationen gut erholt. Zum Glück.

Mein befreundeter Arzt aus China meldete sich indes wöchentlich. Er schrieb, dass in sämtlichen Millionenstädten riesige Covid-Stationen eingerichtet wurden, eigene Krankenhäuser wurden aus dem Boden gestampft, Ärztinnen und Ärzte massenweise dafür zwangsrekrutiert. Ganze Städte abgeriegelt. Heute klingt das alles auf eigenartige Weise normal. Damals, als wir hier noch unwissend am Anfang von allem standen, konnte ich es kaum glauben. Es klang wie eine apokalyptische Horrorgeschichte.

Ich fragte meinen Freund: Habt ihr erste Statistiken? Literatur? Er schickte. Ich las. Nächtelang. So kamen wir dem Virus, das uns enteilt war, uns unwissend und starr zurückgelassen hatte, langsam etwas näher. Wir alle hatten bis dahin auf Intubation und relativ aggressive Beatmung gesetzt, nun begannen wir zu verstehen, dass das nicht optimal war.

Die Indikation für eine mechanische Beatmung sowie deren Anwendung wurden überdacht, die nicht invasive Beatmung wurde mehr in Betracht gezogen und die pharmakologische Behandlung standardisiert.

Dann kam der 29. März 2020. Auch dieses Datum werde ich kaum jemals wieder vergessen können. Es war kurz nach zwei Uhr nachmittags, und ich verließ erschöpft die Station. Ein lauer Frühlingswind umwehte mich, während ich zur Parkgarage ging. An jedem der vergangenen Tage war ich denselben Weg gegangen, stets ähnlich erschöpft, doch immer auch mit einem anderen Gefühl im Bauch. Und im Kopf.

Manchmal war da ein bisschen Zufriedenheit. Das kannte ich von meiner Zeit als Neonatologe. Zufriedenheit darüber, Menschen geholfen zu haben in den vergangenen anstrengenden Stunden. Manchmal war da Glück. Wenn wir ein Menschenleben retten konnten. Manchmal aber auch Wut, Zorn, Traurigkeit. Wenn es nicht gelungen war.

Nun, an diesem Tag, war da etwas anderes. Am Vormittag waren zahlreiche neue Patienten auf die abgeriegelte Covid-Intensivstation gekommen. Die schrecklichen Bilder von Bergamo, die wir vor wenigen Wochen noch im Fernsehen gesehen hatten, die Militärlaster, die die Särge aus der Stadt fuhren, sie schienen uns nun tatsächlich eingeholt zu haben. Wir hatten keinen Platz mehr. Das letzte Bett war belegt. Triage, das eigentlich Unaussprechbare, dieses Damoklesschwert, das die ganze Zeit über uns hing, nun war es nicht mehr nur irgendeine stille Befürchtung. Nun war es da. Ausgesprochen.

Ich versuchte abzuschalten, was mir schon immer so wichtig gewesen war, auch all die Jahre hindurch, als ich im Krankenhaus von Bozen noch regulär ein und aus gegangen war. Ein verstorbenes Frühgeborenes. Abschalten. Joggen gehen. Im Wald. Du musst als Arzt vergessen, verdrängen. Sonst wirst du verrückt. Ein schwieriges Elterngespräch, Stress mit der Verwaltung, weil ich schon wieder viel zu viel über den Papieren saß, nicht genug Zeit für Patienten und Angehörige hatte. Joggen. Waldluft. Natur. Wie gut das immer tat.

An diesem 29. März 2020 klappte das nicht. Antriebslos saß ich zu Hause am Küchentisch. Hatte keinen Appetit. Ich war ratlos, kraftlos und erschöpft.

Doch tief in mir drin glüht immerfort ein letzter kleiner Funke Optimismus. In sämtlichen Lebenslagen. Selbst in denen, die völlig ausweglos erschienen. Ganz egal, ob ich in der Arktis ins Eiswasser gefallen war oder ob mir ein Frühchen unter den Händen beinahe wegzusterben drohte. Ich glaube, dass sich alles zum Guten wenden kann – und wird. Und tatsächlich: Als ich am Morgen des 30. März 2020 immer noch niedergeschlagen in die Station zurückkam, teilten die Kollegen mir mit, dass einige stabile Patienten nach Österreich und Deutschland ausgeflogen werden konnten. Wir hatten wieder freie Betten. Ich war so erleichtert.

Ja, ich bin ein hoffnungsfroher Optimist. Ich glaube, dass wir Ärzte durch die Pandemie gelernt haben, was wir in Zukunft besser machen müssen. Ja, bei uns Medizinern fand in der Zeit eine beeindruckende Metamorphose statt, wir erlebten eine Renaissance des eigentlichen Arztseins, wir schauten gleichzeitig nach vorne und über die eigenen Ländergrenzen hinaus, um nach neuen Lösungen zu suchen, wie wir diesem Feind, dem Virus, Herr werden könnten. Ich glaube auch, dass Politik und Wirtschaft gelernt haben. Ich glaube, dass der Lernprozess jedes Einzelnen zum Besseren beitragen kann. Jeder, der nicht von Grund auf egoistisch handelt, sondern eigentlich das Gute will, es einmal wollte, dessen gute Vorsätze nur in den Wirren des Lebens verloren gegangen sind, kann seinen Part leisten. Davon bin ich fest überzeugt.

All das wird gelingen. Mit Zuversicht und Optimismus. Und ein bisschen Glück

All das wird gelingen. Mit Mut.

Und Chen Lu, mein chinesischer Freund? Nachdem ich seine Zeilen zu Beginn der Pandemie erhalten hatte, dachte ich voller Sorge sofort: Das überlebt er nicht. Und zwar nicht, weil er am Virus stirbt. Wie er die Mail an der Zensur vorbei versenden konnte, ist mir ein Rätsel. Aber er ist am Leben. Und er macht weiter. Ich bewundere bis heute seinen überragenden Mut. Er half mir, uns, hier in Südtirol Menschenleben zu retten.

Ich traf ihn wieder. Zwei Jahre später in Deutschland, in Frankfurt am Main. Es ging um ein neues Projekt, immer im Bereich der neonatologischen Fort- und Weiterbildung in Südostasien, um das Ausloten von Möglichkeiten und die Bereitschaft mitzuarbeiten. Klar redeten wir auch über Covid. Über China.

Er sagte mir: Hubert, es ist dem Staat um nichts anderes

gegangen, als die Pandemie als Mittel zum Zweck zu nutzen. China gab vor, mit einer *Zero-Covid*-Strategie das Virus eindämmen zu wollen. Leben retten zu wollen. Aber eigentlich ging es um etwas anderes. Darum, einen Vorwand zu haben, das autoritär-repressive System auszuweiten. Die Menschen willkürlich einzusperren und zu unterdrücken.

Ich antwortete meinem Freund: Bleib hier in Deutschland. In Sicherheit.

Doch er wollte davon nichts hören.

Ich muss wieder zurück, sagte Chen Lu.

Warum?, fragte ich.

Da packte er mich am Arm, drückte ihn fest.

Sagte schließlich: Weil wir nicht schweigen dürfen. Und nicht aufhören zu kämpfen.

Nachdem wir uns verabschiedet hatten, lief ich noch stundenlang durch die Stadt. Seine Worte ließen mich nicht los: *Weil wir nicht schweigen dürfen. Und nicht aufhören zu kämpfen*. Ein Gedanke ließ mich nicht los: Wenn wir alle nur einen Bruchteil des Mutes meines Freundes aufweisen, dann wird die Welt sich zum Positiven wenden.

Ich warte auf seine nächste Mail. Ich hoffe, sie kommt.

Von den Kleinen lernen

Die größeren Brüder, Reinhold und Günther, erklommen schon in jungen Jahren die Berge unseres Heimattales. Prächtige Dolomitengipfel. Die Nordwände der Geisler, des

Peitlerkofels, des Kreuzkofels, die Sellatürme, die Südwand der Marmolata. Sie starteten meist noch bei Dunkelheit, ich hörte im Halbschlaf, wie sie flüsternd ihre Rucksäcke packten, wie sie die quietschende Haustür öffneten, ins Abenteuer hinaustraten. Oft kamen sie spätnachts oder gar erst am Tag darauf wieder zurück. Mit blutenden Knien, zerkratzten Fingern, Schürfwunden an den Ellenbogen.

Mich interessierten die Berge als Knirps noch nicht, das kam erst später. Mich interessierte nicht das Klettern, nicht das Suchen neuer Wege und Routen, nicht das Gipfelkreuz. Mich interessierte wesentlich mehr das geheimnisvolle Zimmer, ganz hinten links, das letzte hinter unseren Kinderzimmern, im dunklen Flur unseres Hauses in St. Peter.

Weil in der Hühnerfarm neben dem Haus nicht genug Platz war, hatten unsere Eltern dort, im hintersten Zimmer, einen großen Brutkasten für Küken eingerichtet. Jeden Tag nach der Schule, nach dem Essen, schlich ich mich in diesen Raum. Warmes rotes Licht. Der Brutschrank sah ähnlich aus wie ein großer Apothekerschrank – mit vielen kleinen Schubladen aus Glas. In jeder Schublade brüteten Hühnereier vor sich hin. Ein Zimmer mit Hunderten Eiern. Eine fabelhafte Welt.

Ob das der Grundstein meiner späteren Neonatologen-Laufbahn war? Ich denke nicht. Aber eine schöne Parallele ist es allemal. Die Geburt – eines Küken, eines Menschen – muss für uns im Kern doch immer noch als Wunder akzeptiert werden. Wir stehen staunend dabei, demütig. Ob als acht- oder neunjähriger Bub, ob als werdende Eltern. Und auch als Neonatologe, als der ich unzähligen Geburten beigewohnt habe.

Damals, als kleiner Bub im hintersten Zimmer, nahm ich ab dem fünften Tag nach dem Brutbeginn Ei für Ei einzeln aus den Schubladen, hielt sie nacheinander ganz behutsam unter das Licht einer Tischlampe; so sah man, ob ein Ei befruchtet war oder nicht.

Leuchtete das Licht gelblich durch die Schalen hindurch, dann war da nichts. Erkannte ich aber die ersten rötlichen Blutgefäße im Inneren, so war dies ein Zeichen für die Entwicklung eines Küken-Embryos.

Sah ich die Blutgefäße, so legte ich das Ei in die Schublade zurück, war es nicht befruchtet, brachte ich es in die Küche, zu unserer Mutter. Dann gab es Spiegelei. Zu Boden fallen durfte mir dabei keines, sonst schimpfte Vater. Und wie!

Die Eltern erkannten mit Freude mein Interesse, und schon bald bekam ich von ihnen den offiziellen Auftrag, mich um das Brutkastenzimmer zu kümmern. Rund zwanzig Tage, nachdem eine Henne ein Ei gelegt hatte, war im Inneren der Schale ein zartes Piepsen zu hören. Dann galt es, das Exemplar genauer zu beobachten, auf das Wunder des Schlüpfens, der Geburt, zu warten. Auf irgendeine Art und Weise, die mir bis heute rätselhaft geblieben ist, animierten sich mehrere nebeneinanderliegende Küken dazu, gleichzeitig zu schlüpfen. Vielleicht durch das Klopfen von innen an die Schale, durch die Wärmeausstrahlung? Ich weiß es nicht.

Das eine Ei begann, sich zu bewegen. Dann jenes daneben. Ein zarter Sprung klaffte auf, ein Schnabel stach heraus, ein nasses Köpfchen drückte ein Stück der Schale nach oben. Und dann ging das laute Piepsen los. Oft piepste es aus allen Schubladen gleichzeitig.

Nachdem die kleinen, flauschigen Wesen trocken waren,

nahm ich sie aus dem Brutschrank heraus und brachte sie in den Stall, wo sie, eingezäunt unter einem großen Wärmestrahler, ihre ersten emsigen und doch tollpatschigen Schritte machten. Immer wieder drängten sie sich dicht aneinander, suchten Schutz in der Gruppe, piepsten dabei weiterhin unentwegt.

Der Beginn des Lebens. Das Schönste, das Größte, das Wertvollste überhaupt. Wunder der Tierwelt. Wunder der Menschheit.

Die Geburt eines jeden Kindes, bei der ich in meinem Leben anwesend sein durfte, faszinierte mich von Neuem. Als junger Arzt dachte ich, das würde sicher irgendwann aufhören, nach einiger Zeit würde man so eine Geburt emotionslos hinnehmen, so wie ein Bankbeamter eine Geldüberweisung, die er tagtäglich ausführte. Doch dieser Tag kam nie.

Es beglückte mich immer wieder, ein Neugeborenes zu sehen, zu fantasieren, welchen Weg es im Leben wohl einschlagen mochte. Ich liebte es, an die unendlich vielen Wege und Kreuzungen und Gabelungen und Möglichkeiten zu denken, die einem jeden einzelnen Kind vom Tag der Geburt an bereitstanden.

Wie als Junge bei den Küken, so faszinierte mich mein ganzes restliches Leben als Arzt lang die Energie, die Vitalität, der Lebenswille, über die Neugeborene ab der ersten Sekunde ihres Lebens verfügen.

Ich erinnere mich an die erste Geburt, die ich als junger Berufsanfänger erlebt habe. An die innere Anspannung. An die Presswehen der Mutter, an den hohlen Klang der Herzfrequenz. Plötzlich das Platzen der Fruchtblase, der Kopf des

Kindes, die Augen immer weit aufgerissen. Das Gesichtchen voller Käseschmiere, ein paar rote Flecken, der kleine Körper, die fein geformten Finger. Die kleinen Füße. Der Übergang vom im Wasser lebenden Fötus in einen Luft atmenden kleinen Menschen. Das befreiende Schreien dieses kleinen Wesens. Befreiend für alle. Die Ruhe, Erleichterung, das Glück. Aller.

Der erstaunte Blick in diese Welt. Ins Licht. Die Art und Intensität der positiven Energie, die dabei frei wird, prägt fürs Leben.

Von der Lebensenergie der Kinder können wir lernen – jeden Tag. Vom unbedingten Willen, an der Welt teilzuhaben. Vom unerschöpflichen Wissensdurst. Von der Freude, Wissen zu erlangen. Vor allem von ihrer Neugierde, die wir im Laufe des Erwachsenwerdens irgendwann verlieren, vergessen und verlernen. Die Welt wird von Kindern so genommen, wie sie ist. Die Welt ist schön. Das ist die Grundhaltung, mit der Kinder ins Leben gehen. Sie lehnen die Welt nicht ab. Nichts davon. Sie wollen sie voll und ganz.

Kinder saugen alles auf. Sie sind offen für diese Welt. Wir sind es nicht mehr. Sie wollen reich an Erfahrung sein. Reich an sozialer Zuneigung. Sie fragen kontinuierlich nach einem *Warum*. Sind folglich voller Ideen. Sie sind in ihren ersten Lebensjahren vollkommen frei von Tabus, frei von Denkmodellen, verlieren sich in ihren Fantasien. Sie brauchen Raum dazu, Zeit, Zuneigung, Stille und hie und da eine tröstende Umarmung.

Ihr Vertrauen, ihre Offenheit, ihre positive Ausstrahlung benötigen wir als Erwachsene, um uns nicht zu verlieren, um Krisen zu überstehen, um Chancen zu nutzen. Wir tun vieles für unsere Kinder, aber wir tun es nicht rein altruistisch. Tief in uns drin weiß unser Unterbewusstsein, dass die Kinder uns viel Kraft zurückgeben.

Das Herz pumpt, die Lungen atmen. Damit beginnt das Leben. Nur das Stammhirn und einige motorische Zentren funktionieren. Der Rest ist Warten. Schließlich spürt das Neugeborene die Brust der Mutter, trinkt instinktiv. Die Welt um das Baby verändert sich sekündlich und drastisch. Netzwerke zum Leben entstehen.

Manchmal hat mich die zurückliegende Zeit der Pandemie und der Lockdowns an zwei fundamentale und immer wiederkehrende Erlebnisse meines Lebens erinnert: einmal an das hier eben beschriebene Wunder der Geburt, dem ich als Arzt so oft beiwohnen durfte. Und zum anderen an die vielen stürmischen Tage im Zelt mit meinem Bruder Reinhold – wo wir ebenso wie die neugeborenen Küken zusammengekauert beieinandersaßen.

Alle Sinne heruntergedimmt. Konzentration aufs Wesentliche. Das Überleben. Zum Beispiel irgendwo im Nirgendwo des Inlandeises von Grönland. Plötzlich zieht ein Unwetter auf, von dem wir wussten, dass es irgendwann da sein würde – dennoch überraschte es uns, machte uns beinahe hilflos. Wir funktionierten und agierten tatsächlich wieder faszinierend ähnlich dem Säugling nach der Geburt. Und dem Menschen in der Pandemie.

Draußen heulte der *Piteraq*, der katabatische Sturm Ostgrönlands. Mit bis zu 140 Stundenkilometern bellte er vom Norden her gegen unser kleines Zelt. Rausgehen? Keine Option. Da ritzen die Eisflocken dir die Gesichtshaut auf, da erstickst du im Schneewirbel, da zieht dich das *whiteout* erbarmungslos in sich hinein, alles ist weiß, da gibt es kein Oben, kein Unten, kein Vor und kein Zurück.

Das sind beinahe unbeschreiblich extreme Situationen, gleichzeitig aber auch geprägt von einer bis dahin ungekannten Klarheit im Kopf. Man wird konfrontiert mit den eigenen Selbstzweifeln, den inneren Krisen. Der Angst. Dem Kampf ums nackte Überleben.

Ganz am Anfang fragten wir uns auch bei der Pandemie: War es das jetzt? Geht jetzt tatsächlich die Welt unter? Ist das der Anfang vom Ende? Natürlich denkst du daran auch im Zelt, im Sturm. Nicht, dass die gesamte Welt untergeht. Aber an das Ende des eigenen Lebens. Das war's jetzt! Die Natur ist stärker. Das Virus ist stärker. In der wilden Natur bist du der Todesgefahr immer ausgesetzt. Und auch die Pandemie ist nichts anderes als wilde Natur.

Doch in diesen Momenten macht sich die niemals zu unterschätzende menschliche Resilienz bemerkbar. Und unser instinktiver Überlebenskampf. Im Zelt. Im Sturm. In der Pandemie. In der Gesellschaft. Man gehört auf Gedeih und Verderb zusammen. Das muss uns klar sein. Daraus können wir schöpfen.

Und dann kommt der Morgen, an dem einen plötzlich die Stille weckt. Kein heulender Wind, kein Zerren an der Plane, der Sturm ist vorüber, die Sonne scheint vom wolkenlosen Himmel herab.

Der Säugling gewöhnt sich an das Leben außerhalb des Mutterbauchs, der Mensch gewöhnt sich an die neue Lebenssituation nach einer Pandemie, den Abenteurer zieht es weiter.

Der Mensch ist aus jeder Krise wieder aufgestanden, seien es Kriege oder Umweltkatastrophen. Er hat vermeintlich

Unmögliches geleistet. Lange waren wir Nomaden, jedoch stets auf der Suche nach einem Ort, wo es sich irgendwie leben lässt. Einen neuen Platz finden in einer sich immerfort verändernden Welt. So wie das Neugeborene ab der ersten Sekunde nach der Geburt.

Ab dem zweiten Monat lächelt ein Baby. Das limbische System beginnt zu arbeiten. Das Neugeborene baut Beziehungen auf. Es wird ihm bewusst, dass es ein Gegenüber hat. Mit zwei bis drei Jahren sagen Kinder: *Ich!* Sie erkennen sich selbst im Spiegel. Sie versuchen, sich in dieser ihnen unbekannten neuen Welt zurechtzufinden. Sie wachsen heran, hinein in das von uns gestaltete Umfeld, reiben sich an unseren Regeln, nehmen sie an, lehnen sie ab, gestalten mit.

Wenn wir sie lassen.

Kinder sind flexibler als wir. Weil sie noch auf der Suche sind, weil das alles, was sie als Leben vor sich sehen, noch undefinierte Bausteine sind, noch zu keiner Mauer geformt. Kinder sind kreativ, anpassungsfähig. Das haben sie auch in der Pandemie bewiesen, in der wir sie im Stich gelassen haben. Weggesperrt haben. Doch sie holen das Versäumte wieder auf. Davon bin ich überzeugt.

Ich habe mein Leben lang mit Frühchen zu tun gehabt, die vom Tag der Geburt an mit einem Rückstand ins Leben starten. Weil sie kleiner sind, vermeintlich schwächer, weil sie sich erst ins Überleben kämpfen müssen, erst selbstständig atmen lernen müssen. Ich habe von ihnen gelernt: Kinder sind Kämpfer. Besonders die Allerkleinsten. Vom ersten Tag ihres Lebens an. Sie geben alles.

Kinder beobachten ihr Umfeld genauestens. Sie wissen um ihre Stärke. Spielen damit. Wir können uns so viel von ihnen abschauen: das Träumen, das Innehalten. Das Alleinseinwollen. Das Dabeiseinwollen. Kinder brauchen aber auch Freiheiten, um zu wachsen, Freiheiten, die wir ihnen aus oft überbordender Ängstlichkeit nicht mehr zutrauen.

Wir dürfen jedoch unsere Ängste nicht auf die Kleinen übertragen. Wir packen sie zu sehr in Watte, lassen sie nicht mehr auf Bäume klettern, herumtollen, Purzelbäume schlagen, auf nicht ausgetretenen Pfaden Neues entdecken, eine Hose zerreißen oder mit ein paar Abschürfungen nach Hause kommen. Wir überschütten – oft durchaus mit guter Absicht – unsere Kinder mit organisierten Freizeitbeschäftigungen, da folgt Nachmittagskurs auf Nachmittagskurs, wir verplanen ihr Kindsein. Und zerstören es damit.

Technik und Überwachung nehmen zu im Alltag der Neugeborenen, Kinder und Jugendlichen. Sie bringen viel positiven Fortschritt mit sich. Aber auch viel fragwürdigen. Im Kinderzimmer etwa: Das mit den Handys der Eltern verbundene Babyfon speichert jeden Laut, jede Bewegung, die Kamera im hoch technologisierten Teddybär ebenso. Hält man für eine Sekunde inne und führt sich das alles vor Augen, mag man erschrecken. Doch wir tun es nicht. Weil wir keine Zeit haben zum Innehalten, zum Reflektieren. Und weil wir den Umgang mit unseren Daten, unserer Privat- und Intimsphäre – und der unserer Kinder – schon längst nicht mehr hinterfragen.

Aber der Datenschutz? Ja, ja, schlimm, sicher, aber was soll man machen?

Kontrolle wird zum Zwang. Oftmals bis ins junge Erwachsenenalter hinein. Wir errichten elektronische Zäune um unseren Nachwuchs herum. Ist ein Kind zu laut, schleppen wir es zum Psychologen, spricht es manches falsch aus, zerren wir es zur Logopädin, schreibt es keine Bestnoten, verzweifeln wir und geben ein Vermögen aus für Nachhilfe.

Ich kann es nicht anders sagen: Manche Eltern scheinen wirklich verrückt geworden!

Sie kontrollieren über das Smartphone die Bewegungsrouten ihrer Kleinen, können jeden ihrer Aufenthaltsorte jederzeit nachverfolgen. Sie legen den Kindern, die sich unbeobachtet und frei entfalten müssten, digitale Hundeleinen an.

Big parents are watching you.

Die Kinder haben keinen Raum mehr für Geheimnisse, Intimität. Der Respekt bleibt außen vor. Sie ziehen sich zurück, in eine andere Welt, die Online-Welt, in der sie anonym verzweifelt suchen, was ihnen im realen Leben verwehrt bleibt.

Die Eltern glauben, ihnen Sicherheit zu geben, doch das ist ein Trugschluss, die vermeintliche Sicherheit bleibt im Virtuellen verhaftet, sie ist nicht real.

Möglichst kein Risiko ist das größte Risiko. Für den Rest des Lebens der Kinder.

Beziehung, Aufklärung, Schutz, Gespräche, Vertrauensbildung werden durch Technik ersetzt, was auf den ersten Blick als erleichternder Fortschritt erscheinen mag, jedoch nicht gelingen kann.

Vertrauen hat keine Chance, sich zu entwickeln, wenn man ständig kontrolliert.

Wenn ich hier nun erneut an meine Kindheit zurückdenke, so erscheint das Gegenteil von dem allen vor meinem inneren Auge: Unsere Eltern hatten kaum Zeit für uns – was ich heute jedoch keinesfalls als ausschließlich positiv bewerten möchte. Vater und Mutter handelten sicher so, wie sie es für richtig hielten, doch überließen sie uns in unserem Erwachsenwerden größtenteils einfach uns selbst. Unsere Eltern dachten nicht darüber nach, wo wir uns rumtrieben, sie hatten bis zu einem gewissen Grad Vertrauen in uns. Aber auch gar nicht die Zeit, sich groß um uns zu kümmern. Wie gestalteten wir also unsere Freizeit, die völlige Freiheit war?

Vereine für Kinder: Gab es nicht.

Spiele: Erfanden wir selbst.

Im Sommer rannten wir um die Wette. Wer es vom Talboden als Erster über die steile Wiese hoch zur Kirche schaffte, hatte gewonnen. Im Winter war derjenige Sieger, der mit dem Rodel als Erster unten im Tal ankam. Wer sich als Erster unten den Schnee aus dem Gesicht wischte und aus der Jacke klopfte.

Größere Geschwister und ältere Freunde übernahmen einen Teil der Elternrolle – zum Glück. Kinder waren ja genügend vorhanden im Dorf. Im Tal. Man passte gegenseitig aufeinander auf. Half einander beim Erwachsenwerden. Und da war immerfort die Bereitschaft der Älteren, auch das Verantwortungsbewusstsein, die Jüngeren mitzunehmen. Ihnen zu zeigen, wie man Neues entdeckte, Neues erlernte.

Und eines Sommers dann – ich war neun – dachten sich meine älteren Brüder, Reinhold, Günther und Erich, nun wäre es dann doch mal an der Zeit, dass der kleine Hubert endlich einen Gipfel erklimmt. Bislang war ich immer nur auf den Almen herumgewandert, auf kleinen und größeren Felsbrocken oder an unserer Hausmauer herumgekraxelt. Ich freute mich. Welch ein Abenteuer! Trotzdem ließ ich die Eier im Brutzimmer nur ungern zurück, ein paar Küken waren wohl kurz davor zu schlüpfen.

Können wir die Besteigung nicht verschieben, zumindest um ein paar Tage?, fragte ich.

Nix da, sagte Erich, morgen früh geht's hinauf.

Wir sagten also Mutter und Vater, dass wir auf der *Gschnagenhardt*-Alm am Fuße der Nordwände der markanten Felskronen der Geislergruppe übernachten wollten. Mehr sagten wir nicht. Vater brauchte uns an den Hochsommertagen nicht zur Arbeit, also durften wir tun und lassen, was wir wollten. Mutter war froh, dass ihr nicht alle Bengel gleichzeitig um die Beine wuselten.

Die größeren Brüder hatten sich für meine Jungfer-Kletterei die *Kleine Fermeda* ausgesucht, im Westen des Massivs. 400 Meter reicht sie senkrecht in die Höhe. Der Gipfel liegt auf 2 814 Metern über dem Meer. Schwierigkeitsgrad 3. Später bin ich diese Wand noch oft geklettert. Aber nie wieder mit so kleinen Bubenhänden, mit so zarten, kletterunerfahrenen Kinderfingern.

Wir hatten vor, im Heustadel der Alm zu schlafen, aber es schliefen nur Reinhold, Günther und Erich. Ich war viel zu aufgeregt. Ich setzte mich vor den Stadel, schaute in die klare

Sternennacht hinauf, blickte immer wieder zum Dolomiten-massiv empor, erwischte mich bei der leisen Hoffnung, das Wetter möge doch umschlagen, Regen kommen, irgendetwas möge passieren, sodass wir morgen das Wagnis doch nicht in Angriff nehmen konnten. Meine Gefühlslage schwankte beinahe minütlich zwischen Vorfreude und Angst.

Schließlich schlief ich doch ein. Erich weckte mich noch weit vor Sonnenaufgang, wir packten unsere Sachen zusammen, schlüpften in die Lederhosen und in die Bergschuhe mit fester Sohle. Einer schulterte das Hanfseil, ein anderer packte die Eisennägel und den Hammer in den Rucksack, der dritte die Karabiner, ich die Verpflegung: Äpfel, Simmentaler-Fleisch, Schüttelbrot, Wasser.

Im Dunkeln gingen wir los, über den Adolf-Munkel-Weg hoch zur Panascharte, von dort schauten wir ins benachbarte Grödnertal hinab. Unten war es noch finster, aber an den Gipfeln glitzerten bereits die ersten Sonnenstrahlen. Dann stiegen wir in die Wand ein. Von der Sekunde an war die Angst verschwunden. Volle Konzentration war gefordert.

Ich streckte mich zu den idealen Griffstellen im Fels, die für mich Knirps oft viel zu weit auseinanderlagen, die Brüder achteten auf mich, halfen mir. Wir überwanden eine kritische, ausgesetzte Stelle, eine zweite; ich spürte das Selbstvertrauen und damit einhergehend eine enorme Freude und Euphorie in mir hochsteigen. Oben angekommen, fühlte ich mich so leicht wie nie zuvor. Wir schauten über die Gipfel Südtirols, des Trentino, Österreichs. Die Zillertaler Alpen, die Stubaier Alpen, die Julischen Dolomiten, die Sellatürme, Langkofel, Monte Pelmo, die Marmolata, die Paganella, die Brenta, den Ortler.

Was für ein Panorama! Und nur wir vier Brüder da oben. Allein. Was für ein Gefühl. Die Welt gehörte uns.

Vier Buben alleine in den Bergen, in einer Felswand, das wäre heute unmöglich. Verantwortungslos. Und – ja, ganz sicher war es das damals auch.

Heute findet Erziehung allerdings komplett gegensätzlich statt: Ich beobachte auf Spielplätzen, wie Väter und Mütter panisch schreiend herbeieilen, wenn der Nachwuchs es wagt, an einem Kletterturm, mit Sandboden unter sich, eine Höhe von über einem halben Meter zu erklimmen.

Als Neonatologe hatte ich das große Glück, Babys, Kinder, Jugendliche von der Geburt bis zu ihrem achtzehnten Lebensjahr zu begleiten – und zu beobachten. Ich musste feststellen, dass der Bewegungsapparat und die Koordinationsfähigkeit von Kindern – vor allem von Stadtkindern – über die Jahrzehnte tatsächlich verkümmerten. Viele schaffen es nicht mehr, ein Rad zu schlagen, einen Purzelbaum zu bewerkstelligen, ja noch nicht einmal, schnell rückwärtszulaufen. Auch an Ausdauer mangelt es ihnen.

Eine jüngste Studie des Südtiroler Schulamtes zeigt auf: Im Durchschnitt liefen Südtiroler Kinder und Jugendliche eine Strecke von 1000 Metern vor fünfzehn Jahren noch in sechs Minuten. Heute schaffen sie in der Zeit nur 800 Meter. 200 Meter weniger. Außerdem zeigte die Studie, dass mehr Kinder mit Übergewicht und Adipositas zu kämpfen haben. Eltern lieben ihre Kinder – ganz sicher nicht weniger als früher. Kinder sollen behütet aufwachsen, keine Frage. Aber ein Übermaß an Behütung schützt sie nur vor vermeintlicher unmittelbarer Gefahr – nicht vor den zukünftigen Gefahren des Lebens.

Es geht nicht darum, jegliche mögliche Gefahr von unseren Kindern fernzuhalten, es geht vielmehr darum, sie durch

Gefahren zu begleiten. Nicht vor den Gefahren zurückzuschrecken. Nicht pauschal zu sagen: Diese Welt ist zu gefährlich für Kinder. Diesen Umständen will ich sie nicht aussetzen. Wenn wir das tun, geben wir auf.

Im krassen Gegensatz zur bereits erwähnten, positiv zu Buche schlagenden, sinkenden Säuglingssterblichkeit steht heute die dramatische Entwicklung der Geburtenrate. Auch diese nimmt kontinuierlich ab – im Rahmen der Pandemie noch einmal ganz besonders. Inzwischen sterben in der westlichen Welt mehr Menschen, als geboren werden. Eigentlich dachte man, die Geburten würden durch den Ausnahmezustand steigen: Alle sind zu Hause, haben wieder Zeit für sich selbst, Paare rücken enger zusammen.

Doch das war eine Fehleinschätzung. In Italien kamen in den Jahren vor der Pandemie noch durchschnittlich rund 500 000 Kinder auf die Welt, 2021 waren es nur noch 390 000.

Unsicherheit, Ungewissheit, Ängste – begründete und unbegründete – lassen die Menschen davor zurückschrecken, einen Kinderwunsch zu verwirklichen. Und, wie eingangs bereits erwähnt, auch die Furcht, die Kinder in eine schreckliche, nicht lebenswerte Welt zu setzen. Hinzu kommen ökonomische Bedenken, den Kindern schlicht finanziell nicht ins Leben helfen zu können.

Viele Paare können sich Nachwuchs nicht mehr *leisten* – und so gerät unsere Gesellschaft in eine Spirale der Ausweglosigkeit. Der demografische Niedergang lässt uns – buchstäblich – alleine zurück.

Dann heißt es schnell: Die Welt verträgt nicht mehr Kinder, mehr Menschen.

Nein!

Das mag vielleicht für diese Welt gelten. Wie wir sie momentan gestalten.

Auf Kinder zu verzichten, heißt aber in letzter Konsequenz: auf uns selbst verzichten.

Wir kehrten an jenem schönen Sommertag spät am Abend aus den Bergen zurück. Mit blutenden Knien, zerkratzten Fingern, Schürfwunden an den Ellenbogen.

»Und, wo wart ihr?«, fragte Mutter und stellte uns eine Suppe hin.

»Ach, in den Bergen«, antwortete Reinhold.

Er, Günther und Erich zogen sich sogleich in eins der Kinderzimmer zurück, sie wollten neue Routen studieren, die sie sich tagsüber links und rechts unserer Kletterlinie ausgeguckt hatten. Ich verschwand im letzten Zimmer, ganz hinten im Flur links. Ich harrte aus. Beseelt vom Abenteuer da draußen. Wartend auf den Beginn des Abenteuers hier drinnen. *Klick, klick* machte es plötzlich. Wenige Minuten später lagen Eierschalen zerbrochen in den Schubladen. Einige frisch geschlüpfte Küken erkundeten alles um sie herum. Ich griff nach ihnen, streichelte über ihre kleinen gelben Federn. Küsste ihre nassen Köpfchen.

Ein neugeborenes Baby liegt im Arm der Mutter. Es schmiegt sich an sie. Ein neues Leben. Dieses Baby wird die Welt verändern. Zum Besseren. Mit uns.

Ach, diese Jugend ...

Diese Jugend? Von Generation zu Generation hieß es von ihr, sie sei zu verwöhnt und interessiere sich für nichts. Interessierte sie sich dann doch für etwas, dann hieß es, ach, sie versteht doch eh noch nichts von der Welt. Dabei veränderte die Jugend die Welt stets längst – ohne dass die Älteren, die, verwöhnt und träge geworden, die Augen vor allem Neuen verschlossen, es sahen, es verstanden, es aufzuhalten vermochten. Und das ist gut so. Das ist auch heute so – und war in meiner eigenen Jugend nicht anders.

Politik machen, das war zugegebenermaßen nicht einfach damals. Politik war für uns Protest gegen festgefahrene Strukturen. Wir machten zunächst Politik, ohne es überhaupt zu wissen, indem wir uns einfach nur unsere Freiheit nahmen. Unsere Politik war zuallererst: die Alten, die Eltern, die Dorfoberen durch unser Verhalten zur Weißglut zu bringen. Schaffte man das, war das schon was. Ein schöner Erfolg. Und ein großer Spaß obendrein.

Wir Jungen weigerten uns, zum Dorffriseur zu gehen. Die Haare wuchsen über die Ohrläppchen. Vater tobte. Und in der Dorfbar von St. Peter ging ein Raunen unter den alten Bauern herum, wenn wir am Tresen standen.

Diese *Langzottelten*!

Wir hörten die neuen Hits der Rolling Stones laut auf dem Plattenspieler in der Stube, die Fensterläden weit offen, damit auch der Nachbarsbauer Mick Jaggers Bellen hörte – und der Hund des Nachbarn ins Bellen mit einstimmte: *I can't get no satisfaction!*

Dann verließen wir das Dorf, um draußen vor dem Tal die Gymnasien zu besuchen. Und immer wenn wir in den Schulferien zurückkamen, erschien es uns so, als hätten sich das Dorf und das Tal verändert. Doch das stimmte nicht. Wir selbst waren es, die sich da draußen in der Welt – und war die Welt auch nur die nächstgelegene Stadt – verändert hatten. Das Dorf war gleich geblieben.

Wir ordneten uns den Gesetzen des Tales bald nicht mehr unter. Wir wollten nicht mehr akzeptierten, dass sich der Bürgermeister wie eine Art Dorfkaiser gab, so wie man das eigentlich heute nur aus schlechten Provinzkomödien kennt. Gestützt von ein paar wohlhabenden Großbauern, entschied er. Autokratisch. Über alles. Alleine. Er bestimmte darüber, welcher Bauer wo seinen Hof erweitern durfte. Welcher Handwerker welche Aufträge bekam. Natürlich bekamen nur Handwerker aus dem Tal einen Auftrag. Denn einen von außerhalb, nein, den ließ man nicht herein.

Eine kleine, scheinbar heile Welt. Voller Unterdrückung und Machtspielerei. Die Gemeinderäte? Waren Jasager. Auch der Pfarrer. Auch der Herr Dorflehrer und Vizebürgermeister – unser Vater.

Anfangs zumindest.

Als wir noch im Dorf zur Grundschule gingen, haben wir von der Welt da draußen nichts mitbekommen. Das Radio machte Vater erst an, wenn wir schon in den Betten waren. Fernseher? Gab es nur einen einzigen im ganzen Tal. Der gehörte dem Metzger. Manchmal durften wir Buben ihn besuchen. Mit ihm zusammen schauen. Doch Nachrichten schaute er nicht. Nur Polizeifilme. Immer wieder Polizeifilme.

Dann, in den Gymnasien, in Bozen, Brixen, Meran, drang zu uns durch, was in der Welt geschah: der Prager Frühling 1968. Die Niederschlagung durch den Einmarsch der Truppen des Warschauer Pakts. Der tschechoslowakische Student Jan Palach, der sich im Jahr darauf aus Protest gegen die Unterdrückung auf dem Wenzelsplatz mit Benzin in Brand setzte – und starb. Da war ich fünfzehn.

Hinter allen Bergen, im versteckten Südtirol, nahmen wir wahr, was da vor sich ging. Nachts in den Betten der Schülerheime flüsterten wir heimlich miteinander, erzählten uns vom guten Alexander Dubček in Prag, vom bösen Leonid Breschnew in Moskau. Gleichzeitig tobte der Vietnamkrieg, in Memphis war Martin Luther King erschossen worden, in Los Angeles Robert F. Kennedy. Was war bloß los in dieser Welt?

Im Dorf war der Unmut zu spüren. Der Unmut jener, die dageblieben waren. Gegenüber denen, die fortgegangen waren. Die Angst vor Veränderung, die wir Studenten auslösten, wenn wir unser Wissen mit ins Tal brachten. Weil Veränderung stets alles durcheinanderbrachte. Wer wegging – was ja schon schlimm genug war –, sollte zumindest auch wegbleiben! Nicht mit dummen Ideen zurückkommen und das Tal aufwiegeln.

Die Menschen im Tal lebten von der Zuversicht, dass immer alles so blieb, wie es – scheinbar – immer schon gewesen war. Die Berge, die das Tal umzingelten, wurden als Schutzwall gesehen. Damit nichts Böses von draußen reinkam. Wir Jungen, die wir wegwollten, sahen die Berge als Hindernis, das es zu überwinden galt. Um dem Mief der Idylle zu entkommen.

Da prallten zwei Anschauungen aufeinander, wie ich sie auch heute, im Großen, wiedererkenne. Wie es sie wohl immer schon gegeben hat: Da sind zum einen die, die vorsichtig sind, ängstlich, die des Erreichten nicht beraubt werden wollen. Und dann sind da die anderen, die neue Wege suchen, sich in Abenteuer stürzen wollen.

Zunächst waren es die älteren Brüder, Reinhold, Erich, Günther, die Vater am Küchentisch beim Nachtmahl Paroli boten. Vater wiegelte ab, doch die Brüder ließen nicht nach, bald gab es Streit, selbst unterm Weihnachtsbaum. Die großen Brüder sagten, man müsse den Taloberen Grenzen aufzeigen. Sich gegen sie stellen. Das Tal brauche frischen Wind, der den Mief wegblies. Warum nicht eine Bürgerliste zusammenstellen, die gegen den Bürgermeister und seine Leute antrat? Gesunde politische Konkurrenz. Demokratie!

Vater sagte, euch Jungen fehlt die Lebenserfahrung. Mischt euch nicht ein. Ihr versteht doch nichts. Ihr werdet schon noch sehen!

Es war noch nicht allzu lange her, dass wir als Kinder unbekümmert Fußball auf einer holprigen Wiese am Waldrand gespielt hatten. Schossen wir über das eine Tor hinaus, das aus ein paar Steinhaufen bestand, mussten wir den Ball im Bach suchen.

Nun kämpften wir gegen den Bürgermeister und seine Vasallen. Gegen unseren eigenen Vater. Für unsere Revolution und die Gerechtigkeit im Villnößtal. Der Hass der Älteren war unser Antrieb.

Nun, ein halbes Jahrhundert später, zähle ich selbst zu den Alten – und Hass ist da keiner mehr. Eher Gleichgültigkeit. Wohlstandslethargie. Ich weiß nicht, was schlimmer ist. Hass treibt den Gehassten an. Lethargie – *Ja, ja, demonstriert brav, aber es nützt ja eh nichts* – lässt verzweifeln.

Jugendbewegungen waren schon immer Generationskonflikte. Die Jungen drängen an die Macht, die Alten wollen sie nicht abgeben. Aber die Jungen gewannen, weil sich die Jugend so wunderbar maßlos selbst überschätzt, weil sie so viel Kraft hat. Und keine Angst. Die Jungen wussten, die Zeit spielt ihnen in die Hände.

Aber heute? Ist das nicht mehr so. Die Zeit rinnt der Jugend zwischen den Fingern hindurch. Sie lehnt sich auf gegen Armut, gegen Krieg, tritt ein für den Frieden, ebenso wie wir damals. Doch sie kämpft auch einen verzweifelten Kampf gegen den von uns Menschen im Industriezeitalter verursachten Klimawandel. Die Jugend klagt uns, die Alten, dafür an, sie will nicht geduldig sein, sie weiß, die Zukunft ist ihre. Was aber, wenn diese Zukunft gar nicht mehr kommt?

Unsere Kinder sind mit uns zusammen in stets wachsendem Wohlstand groß geworden. Sie haben sich, wie wir selbst, lange darin gesonnt. Sorglos. Naiv. Doch irgendwann, im Wahn des Wachstums, ist uns allen der vernünftige Weitblick abhandengekommen. Wir haben es uns viel zu lange auf Kosten der Zukunft gut gehen lassen. Uns Nachkriegskindern und Babyboomern ging es ökonomisch von Tag zu Tag besser im Leben. Unser Nachwuchs merkte aber irgendwann, dass es für sie nicht ewig so bleiben würde, dass das Klima sich rasant änderte. Und ihren Kindern, unseren Enkeln, bald Böses drohen könnte.

Sie haben begonnen, dagegen zu rebellieren: Die heutige Jugend riss sich aus der Lethargie des Wohlstands – viel schneller, als wir satten Alten dazu fähig waren. Sie lehnen das Lebensmodell ab, in das wir sie zwangen. Weil wir dachten, so müsste es sein. Sie würden nur noch nicht verstehen, dass wir ja nur das Beste für sie wollten.

Beobachte ich meine Söhne, Nik, Tim und Alex, so sehe ich: Auch sie lehnen unsere starren Strukturen ab. Auch unseren lächerlichen Leistungsdruck, das ständige Funktionierenmüssen, von Kindergartentagen an bis ins Rentneralter, in dem man sich heutzutage immer noch selbst zu verwirklichen hat, anstatt das Leben endlich ein bisschen zu genießen.

Sie pfeifen auf das nur nach außen hin perfekte Leben, das wir uns in unserem billig erkauften und wackeligen Wohlstand aufgebaut haben. Sie suchen nach neuem, tieferem Sinn in ihrem Leben.

Wir Alten dachten, wir verstünden die Welt – ein lächerlicher Gedanke. Unsere Kinder sind uns samt der Welt, wie wir sie einst gesehen haben, längst enteilt. Wir bleiben hilflos zurück. Auch das hat sich in der Pandemie in aller Deutlichkeit gezeigt. Während wir Eltern und Lehrer uns noch darüber den Kopf zerbrachen, ob es wohl reichen würde, mehrmals in der Stunde die Fenster in den Schulen zu öffnen, um gut durchzulüften, hatten die Schüler sich bereits bestens im Internet organisiert. Sie chatteten eh schon mit der halben Welt und zeigten uns schließlich mit viel Geduld, wie das mit den Online-Konferenzen auf *Teams* funktioniert.

Wir hatten früher keinen Zugang zu den Instrumenten der Macht. Heute herrschen die Jungen darüber. Sie wissen sich zu vernetzen, sie wissen um die Macht der sozialen

Medien, um die gute und die dunkle Seite. Manche von uns Alten haben noch nie etwas von *TikTok* gehört, sie halten es für ein Brettspiel.

Den jungen Menschen geht es kaum jemals um die Frage: Geht es mir gut? Das unterstreicht beispielsweise auch die *Randstad*-Studie 2022. Vielmehr wollen sie laut den dortigen Umfragen wissen: Bin ich für etwas gut? Es geht ihnen im Leben um den Sinn des eigenen Tuns. Und diesen sucht unsere Jugend viel mehr als wir Erwachsene, die wir uns oft in einem Hamsterrad befinden – aus dem wir wieder herausfinden müssen.

Die Jungen wollen Sicherheit und Wertschätzung. Sie verlangen nach einer neuen, offenen Art der Kommunikation, nach Ehrlichkeit, Transparenz, Feedback. Eine gute Ausbildung ist ihnen wichtig, sie wissen, dass sie nur so ihre Zukunft positiv mitgestalten können. Sie sind neugierig und flexibel. Neue technische Errungenschaften sehen sie nicht als Gefahr, sondern als Mittel zum Zweck.

Die Jungen haben die Energie und das Potenzial, Veränderungen anzustoßen, Widerstand zu leisten; sie wollen ihrem Tun Sinn verleihen. Ein selbstbestimmtes Leben führen. In Eigenverantwortung. Sie fühlen sich als Gewissen unserer Gesellschaft. Sie klagen an. Zu Recht. Sie sind kreativ, sie wollen arbeiten, aber Geld spielt bei ihnen nicht die Hauptrolle, wie es das bei uns getan hat. Es geht ihnen um *Work-Life-Balance*, um Freiheit und Freizeit. Sie denken in Möglichkeiten.

Wir Alten sollten die Größe besitzen, beiseitezutreten, sie einfach machen zu lassen.

Meine Söhne erteilen mir indirekt immer wieder eine Lehrstunde in zeitgemäßem politischem, sozialem und umweltbewusstem Handeln. Wir, die mythisierten 68er, liebten damals die große Geste, wir hatten eine große Klappe. Nik, Tim und Alex dagegen mögen es pragmatisch, unaufgeregt. Sie haben ein gutes Verständnis dafür, was richtig ist und was falsch, sie reden gar nicht gerne über Politik, sie handeln lieber.

Ich erzähle ihnen von Che Guevara, Dubček und Palach. Sie hören höflich zu, doch ich merke schon, es interessiert sie nicht sonderlich. Sie haben keine politischen Ikonen im Zimmer hängen. Auch nicht Greta Thunberg. Die mögen sie noch nicht mal besonders. Sie ist ihnen zu missionarisch. Bei *Fridays for Future* haben sie nicht mitgemacht.

Warum nicht?, fragte ich sie einmal.

Sie nehmen die Klimakrise und ihre Auswirkungen ernst, sie empfinden allerdings das Verhalten vieler Mitschüler als heuchlerisch. Diese nutzten den Freitag, um feuchtfröhlich im Namen des Klimaschutzes zu schwänzen, verhielten sich jedoch ansonsten wenig umweltbewusst.

Vor ihren Lehrerinnen und Lehrern mussten sich Nik, Tim und Alex fürs Nichtschwänzen sogar rechtfertigen.

Früher war das Schwänzen ein politischer Akt. Die Schule drohte damit, uns von der Polizei suchen zu lassen.

The Times They Are A-changin'!

Meine Söhne verabscheuen Extremismus und Gewalt. Sie wollen sich nicht vereinnahmen lassen. Sie sind Freigeister. Sie sagen: In der Schule muss die Veränderung beginnen. Sie sagen, sie empfanden den starren Unterricht als unflexibles Korsett, wie aus einer alten Welt. Schule sollte sich doch am Puls der Zeit orientieren. Schule ist Leben. Sie fragen sich, wieso sie nur auf Prüfungen, Leistungsdruck, Konkurrenz, auf Bewertungen und Kontrolle aufgebaut ist. Viele Schülerinnen und Schüler ersticken an den getakteten Stundenplänen, am Frontalunterricht, am starren System. Problemlösungskompetenz und Sozialkompetenz sind kaum vorhanden und werden demnach auch nicht vermittelt. Ganzheitliche Lernsettings finden nicht statt.

Nik, Tim und Alex fragen sich, warum sie im Unterricht nicht online mit anderen Schülern aus aller Welt im Austausch stehen. Von vielem, was sie interessiert, haben die Lehrer keine Ahnung. Sie haben sich das Wissen aus dem Netz geholt. Schule? Ist ein notwendiges Übel, das sie gleichgültig über sich ergehen ließen.

Manchmal höre ich die drei im Zimmer diskutieren. Wie sie tags darauf irgendwo hinkommen können, um ein Konzert zu besuchen. Oder Sport zu treiben.

Ich frage sie dann, ob ich sie fahren soll. Ich habe ja Zeit. Ich mache es gerne.

Danke, Papa, sagen sie dann. Aber nein. Wir nehmen den Bus oder den Zug.

Alex, der Älteste, ist heute angehender Kinderarzt.

Tim, der Mittlere, studiert Jura.

Nik, der Jüngste, studiert Wirtschaft.

Alle drei suchen die Sinnhaftigkeit in ihrem Tun und wollen die Welt damit etwas besser machen.

Nein, es geht heute nicht mehr um den Generationenkonflikt und damit einhergehend darum, die Welt von Alt zu

Jung stets ein kleines bisschen besser zu machen. Es geht darum, dass wir uns von den Jungen aufrütteln lassen, mit ihnen gemeinsam unser Verhalten und diese Welt verändern. So, wie sich unser Vater damals von uns Söhnen hat aufrütteln lassen. Er, der keine Veränderung wollte. Der sture Konservative. Wir, die alles ändern wollten. Wir sturen Besserwisser. Als es darum ging, unser Tal, unsere Heimat vor dem Ausverkauf zu bewahren, fanden wir zueinander.

Von oben, von den Spitzen der Geisler, schauten wir Buben nach unseren Kletterpartien ins Nachbartal hinunter. Es war das Jahr 1969, im Februar 1970 sollten da unten bei den Grödnern die Weltmeisterschaften im Skifahren stattfinden. Die Grödner witterten das große Geld. Wir sahen die Kräne, die Rohbauten der neuen Hotels. Kletterten wir in aller Früh hoch, wenn es noch dunkel war, sahen wir unten bei den Grödnern immer mehr Lichter brennen. Immer neue Häuser.

Einmal gingen wir mittags über die Panascharte erneut hoch auf die Seceda, da liefen Touristen herum, blass, in Stadtschuhen und Sandalen, unsicher, kein Kletterseil dabei, kein Rucksack – nichts. Die Grödner hatten eine Seilbahn und Skilifte hinaufgebaut, ganz so, wie es die Gerüchte schon seit einer Weile auch in unser Nachbartal herübergetragen hatten.

Unser Bürgermeister war ganz begeistert. Diese Grödner! Eine Weltmeisterschaft. Die vielen Touristen. Das viele schnelle Geld, das wollte er nun auch. Die Bauern, die sich um ihn geschart hatten, wollten es ebenso. Auch unser Tal sollte ein Skiparadies werden! Jeder Bauer sollte auch Hotelier werden.

Unser Vater wollte das nicht. Und wir Jungen auch nicht. Vater war der Meinung, das Tal müsse sanft entwickelt werden. Um es nicht zu zerstören. Aber wir sollten auch nicht hinter dem Mond leben. Er war dafür, etwas für die Jugend zu machen, damit sie das Tal nicht verließ. Wir wünschten uns einen kleinen Eislaufplatz unten im Schatten des Waldes, wo selbst im Sommer die Sonne kaum hinkam.

Vater verstand: Der echte Konservative musste der erste Umweltschützer sein.

Wir Jungen waren alles andere als konservativ, aber mit so einem Konservativen, mit so einem Vater, den wir bis dahin ganz anders gekannt hatten, gingen wir einen Pakt ein – und wir kamen uns näher, nicht nur politisch, auch als Familie. Die Sorge um unser Tal brachte uns zusammen. Vater war dafür, Langlaufloipen zu bauen, unseren Eislaufplatz, einen kleinen Skilift gab es schon, mehr nicht. St. Peter sollte ein stilles Bergtal bleiben, sich nachhaltig entwickeln, im Sinne eines sanften Tourismus, der nichts kaputt macht.

Wir kletterten hoch zu den Geislern, immer und immer wieder, schauten auf der anderen Seite runter. Sahen die Blechlawine, die ins Tal zog. Die Weltmeisterschaft hatte begonnen. Die Welt schaute nach Gröden.

Vater gründete tatsächlich eine eigene Liste und trat damit gegen den Bürgermeister und seine Vasallen bei den Wahlen im Tal an. Ein paar junge Bauern schlossen sich ihm an, das machte ihn besonders stolz. Einen davon erkoren sie zum alternativen Bürgermeisterkandidaten. Meine älteren Brüder waren schlau genug, nicht zu kandidieren. Damit sie als *Langzottelte* keine potenziellen, unentschlossenen Wähler verschreckten.

In Gröden ging der Südtiroler Ski-Held Gustav Thöni leer aus, Platz vier im Slalom, im Riesenslalom schied er schon im ersten Durchgang aus. Die Kassen klingelten trotzdem. Wir Jungen aus dem Nachbartal hämmerten an der Bande des Eislaufplatzes herum. Spritzten abends Wasser über die Fläche, damit sich nachts Eis bildete, frühmorgens bügelten wir es mit einer Walze glatt. Manchmal kam der Bürgermeister vorbei, schaute finster. Sagte kein Wort.

Vater wurde angefeindet. Einer drohte ihm in der Dorfbar, unser Haus anzuzünden, wenn er das mit einer zweiten Liste tatsächlich durchzog, sich gegen die touristische Entwicklung des Tales in ihrem Sinne stellte. Vater mied die Bar von da an. Schwieg noch mehr als zuvor.

Die Annäherung an unseren Vater war für uns Geschwister zeit unseres Lebens ein langer und zäher Weg gewesen. Er gehörte der Kriegsgeneration an, die nach ihrer Rückkehr in die Heimat keine Emotionen zeigte. Nicht dazu imstande war.

Sprachen wir politische Themen an, provozierten wir, versuchte er, auszuweichen, dem Disput aus dem Weg zu gehen. Innerlich war er sicherlich stolz auf uns, darauf, dass wir uns eine eigene Meinung bildeten, aber sagen konnte er so etwas nicht. Umarmt haben wir uns nie. Kein einziges Mal.

Ich glaube, ich war eines der wenigen seiner Kinder, das später, als wir schon Erwachsene waren und er dem Tode nahe, tatsächlich eine engere Beziehung zu ihm aufbaute. Er erkrankte, das war 1984, doch er verschwieg seine Schmerzen monatelang. Zu Weihnachten sahen wir uns alle wieder. Im Haus in St. Peter, in dem wir aufgewachsen waren, in dem unsere Eltern nach wie vor lebten. Ich war bereits ein junger Arzt. Vater war schon in Rente. Die Hühnerfarm gab es nicht mehr. Im Stadel, wo die Hühner untergebracht gewesen waren, lagen nur noch Staub und Federn.

Das Zimmer, in dem der große Brutkasten gestanden hatte, war nun ein Gästezimmer. Ich schlief darin. Kein Piepsen, keine Wärmelampen. Es war kalt und kahl. Erst an diesen Weihnachtstagen wurde mir bewusste, wie schlecht es Vater ging. Er war blass, in sich zusammengefallen. Ich sah, dass er im Bad Blut spuckte. Ich überredete ihn, nach den Feiertagen mit ins Krankenhaus zu kommen. Wir untersuchten ihn und stellten fest, dass er einen Tumor hatte. Metastasen in der Lunge.

Wie viel Zeit blieb ihm? Wahrscheinlich nur noch wenige Wochen. Kaum noch Hoffnung. Ich war jung und unerfahren. Ich traute mich nicht, ihm die Diagnose mitzuteilen.

Ich sagte ihm: Vater, das wird schon wieder. Du musst aber eine Radiotherapie machen.

Er stimmte zu. Die letzte Hoffnung.

Ich besuchte ihn jeden Tag auf seinem Zimmer, dann gingen wir in die Cafeteria, aßen zusammen. Plötzlich begann er zu erzählen, von seiner Kindheit, von seiner Jugend.

Nun sprudelte alles aus ihm heraus. Eigentlich wollte auch er immer in die Welt hinaus. Sein Traum war ebenso, Arzt zu werden. Das klassische Lyzeum in Meran musste er abbrechen, da sein Vater, mein Opa, 1935 mit seinen Holzarbeiterunternehmungen in eine finanzielle Schieflage geraten war. Ein Mitarbeiter war tödlich verunglückt, jemand musste ihn ersetzen. Die Holzarbeit war wichtiger als die Schule. Vater studierte privat weiter, musste aber 1938 zum italienischen Militär nach Caserta bei Neapel, arbeitete als Sanitätsadjutant im Militärspital.

Dann kam der Krieg. Vater zog, wie viele Südtiroler, mit der Wehrmacht gegen Russland. Im Kaukasus traf ihn eine Kugel im rechten Unterschenkel.

Nachdem die Alliierten auf Sizilien gelandet waren und Hitler seine Soldaten über den Brenner geschickt hatte, wurde er zurück nach Italien versetzt, nach Monte Cassino bei Rom. Aufgabe: Übersetzer.

Später wurde er als solcher in ein Gefangenenlager nach Verona versetzt.

Da hatte ich viel Zeit nachzudenken, sagte er mir.

Da habe er verstanden, dass seine jugendliche Begeisterung für das Deutsche Reich ein großer Fehler war – und der Zusammenbruch von Hitlers Fronten nur noch eine Frage der Zeit. Er ließ eigenhändig eine Handvoll blutjunger italienischer Partisanen frei. Sie flohen, er floh ihnen hinterher. Sie schenkten ihm Zivilkleidung. Er war nun Deserteur.

Im Waggon eines Versorgungszuges gelangte er unbemerkt bis nach Bozen, zu Fuß schlich er ins Tal, holte Mutter und die beiden damals schon geborenen Brüder Helmut und Reinhold und versteckte sich mit ihnen auf einer verlassenen Alm.

Als die Amerikaner Südtirol unter Kontrolle brachten, wurde er von einer Nachbarsbäuerin verraten. Als er im Zuge der Entnazifizierung vor der zuständigen Behörde zu erscheinen hatte, sah es anfangs nicht gut aus. Einer, der sich als angeblicher Deserteur ausgab! Ohne jegliche Entlassungsbescheinigung aus der deutschen Wehrmacht.

Nur durch Glück wurde er nicht verurteilt. Einer der Väter der jungen Partisanen, die er freigelassen hatte, saß inzwischen im italienischen Parlament. Vater kontaktierte ihn, dieser intervenierte, bürgte für ihn – er wurde vollkommen entlastet.

Die radiologische Bestrahlung bewirkte nichts. Ich brachte Vater nach Hause, doch bald ging es ihm zunehmend schlechter. Er atmete schwer – deshalb fuhr ich ihn eines Tages mit meinem Fiat Cinquecento erneut nach Bozen. Ich erinnere mich an die Fahrt, als wäre es gestern gewesen. Wir sprachen nicht, zwischen den Tunneln der Eisackschlucht schaute ich bei Waidbruck in den wolkenlosen Himmel hoch. Das St.-Verena-Kirchlein von Lengstein, oben am Berg, wurde von der Morgensonne angestrahlt. Da wurde mir bewusst, dass das die letzte gemeinsame Fahrt mit meinem Vater sein würde. Ich spürte Gänsehaut am ganzen Körper und unterdrückte die Tränen.

Sein vom Tumor und von Metastasen geschwächter Körper kämpfte mit einer komplizierten Lungenentzündung. Vater starb an einem Sonntagabend im März 1986.

Zum Begräbnis kam das ganze Dorf. Die Freunde und die Gegner. Die jungen *Langzottelten*. Und die alten Bauern. Mit einem Haflingergespann wurde sein Sarg von unserem Haus bis zur Kirche gefahren. Die Musikkapelle spielte auf. Wir umarmten uns. Die beiden Welten des Tals waren versöhnt, zumindest an diesem einen traurigen Tag.

Das hätte Vater sicher gefallen. Unversöhnlichkeit bringt nichts Gutes. Nicht zwischen den Generationen. Nicht zwischen demokratischen politischen Lagern. Nicht mit der Welt.

Auch der alte Bürgermeister, der nun auf der Oppositionsbank saß, erwies ihm die letzte Ehre. Denn ja, Vaters Liste hatte damals, als drüben in Gröden die Weltmeisterschaft das Tal zum Boomen brachte, in unserem stillen Villnößtal tatsächlich die Wahlen gewonnen.

Josef Messner, der verhinderte Weltenbummler, der vom Deutschen Reich begeisterte junge Soldat, der mutige Deserteur, der schweigende Vater, der strenge Lehrer, der letztendlich grüne Konservative, war ein politischer Visionär in St. Peter, in seiner und unserer Heimat. In der heute auch dank ihm keine Hotelburgen die Natur verschandeln, wo es eine Langlaufloipe gibt und nur einen kleinen Dorfskilift, wo unten am Waldrand – da, wo die Sonne selbst im Sommer kaum hinkommt – immer noch ein Eislaufplatz steht, auf dem die heute jungen Villnößer Eishockey spielen.

Wir Buben waren so stolz auf unseren Vater – und er auch auf uns. Das wissen wir.

Das große Abenteuer

Wir spielten den ganzen Tag draußen. Erst wenn es dunkel wurde, riefen uns die Mütter zum Abendessen. Nur bei einer Familie von St. Peter im Villnößtal war das anders. Sie waren wohlhabend, besaßen ein Gasthaus, ein Hotel und eine Bäckerei. Und sie waren darüber hinaus auch noch Großbauern.

Franz war Spross dieser Familie – und mein Freund. Er war ein Jahr jünger als ich, er durfte nicht im Wald spielen, nicht auf die Berge kraxeln. Sah man ihn außer Haus, war ein Kindermädchen dabei, das aufpasste, dass er sich nicht schmutzig machte.

Die halten sich für etwas Besseres, flüsterten die Dorfkinder. Und oft auch die Erwachsenen.

Ab und an durfte Franz mich zu sich nach Hause einladen. Aber auch nur, weil ich ein Junge aus der Lehrerfamilie war. Er besaß eine ganze Bibliothek aus Kinderbüchern, eine schön gestaltete Ausgabe der *Märchen der Gebrüder Grimm*. Zudem wunderschönes Holzspielzeug, ein Pferd mit Wagen, mehrere Hampelmänner. Doch die Bücher und das Spielzeug waren so akkurat weggeräumt, dass ich mich nie traute, etwas davon in die Hand zu nehmen.

Ich neidete Franz nichts, er war es vielmehr, der mich beneidete, wenn ich ihm von den Dolomitenwänden erzählte, die ich mit meinen Brüdern bereits erklommen hatte. Dann sah ich ein sehnsüchtiges Leuchten in seinen Augen.

Als ich achtzehn war, erzählte ich Franz, dass ich mir die Welt anschauen wollte.

Wo willst du hin?, fragte er mich.

Ich zeigte ihm ein Bild, das ich in einer Zeitschrift gesehen hatte. Die Klippen von Moher bei Galway – an der irischen Westküste. Auf Gipfeln hatte ich nun schon gestanden, jetzt galt es, zum Ende der Welt aufzubrechen.

Von dort aus sieht man nur Meer, schwärmte ich, und irgendwo ganz weit hinten, hinterm Horizont, da liegt Amerika, Franz!

Drei Tage später kam er zu mir, sagte, er werde mitkommen. Ich traute meinen Ohren nicht.

Aber deine Eltern …, sagte ich.

Lass das mal meine Sorge sein, Hubert, erwiderte er.

Und tatsächlich konnte er sie überreden, mich begleiten

zu dürfen. Seine Mutter war dagegen, aber sein Vater setzte sich durch.

Lass den Bub endlich gehen!, hatte er gesagt.

Mach das, Bub, hatte meine Mutter mit ihrem unendlichen Urvertrauen gesagt. Sie zeigte nie ihre Angst, die sie sicher um uns gehabt hatte. Sie zeigte immer nur ein Lächeln, wohl im Wissen um die Kraft ihrer Kinder – oder war es womöglich das Lächeln, das uns diese Kraft erst verliehen hatte?

Geh ruhig, hatte mein Vater gesagt, gleich aber seine Skepsis hinterhergeschoben: Wie, um Gottes willen, willst du da hinfinden?

Ich frage mich einfach durch, antwortete ich. So schwierig konnte das doch nicht sein.

Und so kam der Tag, an dem Franz und ich uns oben bei der Kirche trafen und gemeinsam unser erstes großes Abenteuer außerhalb unseres Tales wagten. Wir hatten nichts dabei außer unserer Entdeckerlust und unserem jugendlichen Übermut – und ein bisschen Knieschlottern. Kaum Geld, kein Handy (das gab es damals noch gar nicht), noch nicht einmal eine gute Landkarte. Jeder von uns hatte nur ein paar Kleidungsstücke in seinen Rucksack gepackt, einen Schlafsack, eine Regenjacke, einen dicken Pullover aus Schafwolle, ein Pappschild.

München, stand darauf.

Draußen im Eisacktal streckten wir die Daumen in den Wind, nicht nach Süden, wohin es Goethe hier durch die Schlucht einst gezogen hatte, sondern in die Gegenrichtung.

Ein Lastwagenfahrer nahm uns mit bis München, ein weiterer von München nach Köln. Zum ersten Mal in meinem

Leben sah ich eine Autobahn, so viele Spuren, so viele Autos, so viele Menschen, keine Berge, flaches Land. Nachts schliefen wir im Gebüsch am Straßenrand. An einem Verkehrskreuz bei Köln trampten die Hippies zu Hunderten, es dauerte einen ganzen Tag, bis wir endlich an der Reihe waren und wieder eine Gelegenheit zum Weiterkommen bekamen.

Ein weiterer Trucker brachte uns bis nach Dover, von da setzten wir über, landeten bald in London. Wir liefen mit offenen Mündern durch die Stadt: Buckingham Palace, Big Ben, Westminster Abbey, Trafalgar Square. Dieses London war ja noch größer als Bozen. Wir liefen und liefen und liefen.

Das hört ja nie auf, sagte Franz.

Wie klein und weit weg doch unser Tal ist, sagte ich.

Wir schliefen im Hyde Park, wurden von der Polizei vertrieben, übersiedelten in den St. James's Park. Manchmal steckten uns Passanten Essen zu. Meistens jedoch standen wir bei der Heilsarmee für Suppe und ein Stück Brot an.

Wir verständigten uns mit Händen und Füßen, Englisch konnten wir beide kaum. Die Haare wuchsen, die Hosen und Pullover begannen langsam ein bisschen zu miefen, doch es störte uns nicht.

So riecht wohl die Freiheit, sagte ich einmal, während wir die Suppe löffelten.

Franz lachte vergnügt. Er, der sicher noch nie in seinem Leben schmutzige Kleidung getragen hatte, er, der zwar in einem Bauerntal lebte, aber noch nie einen Kuhstall ausgemistet hatte. Seine Augen glänzten erneut. Diesmal nicht vor Sehnsucht, sondern vor Freude.

Zwei Tage lang saßen wir am Piccadilly Circus und taten nichts anderes, als uns die vorbeilaufenden Menschen anzuschauen.

Wir sprachen auch über unser Leben im Tal. Franz sagte mir, wie sehr es ihn belastete, so sehr unter der Fuchtel seiner Mutter zu leben. Und wie sehr er seine Eltern doch liebte.

Mein Vater, sagte er mir, spendiert jeden Tag einem Bedürftigen im Tal ein Mittagessen – solange ich weg bin.

Dann schwiegen wir beide ein bisschen. Diese Reise tat uns so gut.

Schließlich ging es wieder weiter – meistens erneut mit freundlichen Lastwagenfahrern, das hatte sich bewährt. Die Trucker sahen oftmals Furcht einflößend aus, waren aber alles nette Kerle. Nur einmal, bei Birmingham, hielt eine weiße Limousine. Darin: ein Brautpaar auf dem Weg zur Trauung.

Wir wollen nach Dublin, sagten wir.

Ach, sagten sie, Dublin kann warten. Ihr feiert heute mit uns!

Das Stück Hochzeitstorte schmeckte vorzüglich, wir tanzten bis zum Morgengrauen – und wir duschten auf dem schönen Landsitz, auf dem sich die Gesellschaft eingemietet hatte.

Was für ein unerwarteter Spaß!

Eine Fähre brachte uns zwei Tage später dann doch noch nach Dublin, das uns mit Regen empfing. Die Stadt lag im Nebel, die Feuchtigkeit kroch uns unter die Mantelkrägen. Alles wirkte düster, wie bei James Joyce.

Wir drängten schnell weiter, nach Westen. Lastwagen fuhren hier bald keine mehr. Nun nahmen Bauern uns in ihren klapprigen Kisten mit. Oftmals liefen wir. Durch ursprüngliche Dörfer mit Strohdachhäusern, stundenlang. Wir schliefen hinter Steinmauern, inmitten von Schafherden, ihre Wolle und Leiber wärmten uns.

Und dann, plötzlich, eines Nachmittags Mitte August, vier Wochen nach unserem Aufbruch in St. Peter, standen wir da – am Ende der Welt. Bei den Klippen aus meiner Zeitschrift, die steil ins Meer abfielen.

Ich lief hin und her, hielt sofort Ausschau nach einer möglichen Route, entlang der man eventuell von unten, vom Strand aus, hier zu uns hochklettern konnte. Doch ich sah schnell, dass das Sand- und Schiefergemisch viel zu brüchig war.

Die Möwen kreischten. Franz sah nur still zum Horizont hinaus. Ich setzte mich zu ihm.

Amerika, sagte er leise.

Die Wellen klatschten donnernd gegen den Fels, ich hatte noch nie so eine wilde See gesehen, ich kannte nur die brave, lauwarme Adria. Ich spürte die Kraft dieser Urgewalt. Die haben hier das Meer, dachte ich, so wie wir die Berge haben. So eine Urgewalt, die ihn prägt, die braucht wohl jeder Mensch, überlegte ich. Damit er merkt, wie klein und unwichtig er ist.

Komm, Franz, lass uns wieder Richtung Heimat trampen, sagte ich schließlich.

Ich vermisste meine Brüder, meine Schwester, meine Eltern, die Berge, den Wald.

Ich will nicht mehr ins Tal, antwortete Franz. Ich lass mir diese Freiheit nicht mehr nehmen.

Vierzehn Tage später standen wir dann doch wieder an der Kirche von St. Peter. Ich übersiedelte bald zum Studieren nach Innsbruck. Franz besuchte die Kunstschule in Gröden, dann ging er – tatsächlich! – nach Amerika. Heute ist Franz, mein Freund aus dem Villnößtal, ein weltweit bekannter und anerkannter Künstler. Seine bewegenden, beeindruckenden düsteren Video-Installationen werden in den größten Museen ausgestellt.

Oft denke ich zurück an unsere gemeinsame erste große Lebensreise, bei der uns beiden wohl bewusst geworden ist – Franz vielleicht noch mehr als mir –, was *leben* eigentlich heißt. Ich glaube, ihm haben diese gemeinsamen Wochen der Freiheit auf eine essenzielle Art und Weise das Leben gerettet. In dem Sinne, dass ihm unser gemeinsamer Trip den Mut gegeben hat, aus dem Tal, aus den Klammern des übertriebenen Behütetseins auszubrechen, das Leben zu leben, das er wirklich leben wollte. Wir haben das irdische Dasein kennengelernt, so wie es sein soll: frei. Abenteuerlustig.

Wir Menschen können uns nicht aussuchen, ob wir geboren werden wollen. Auch nicht, wo und wie und wann. Wir werden hineingeworfen in eine Gesellschaft, die uns erst einmal ihre Normen, ein Regelwerk, moralische Leitplanken aufzwingt. Manche sind gut, andere sind es wert, sie zu hinterfragen. Wir lernen Grenzen kennen, schon als Kinder, wir reiben uns daran, wir wachsen daran. Wir lernen aber auch, sie zu verschieben, um mehr Freiheit zu erlangen. Das Vertrauen anderer in uns, das wir als Kinder erfahren, stärkt wiederum unser Selbstvertrauen. Es führt zu einer positiven Einstellung der Welt gegenüber, zur Freude am Leben.

Wir können von unserer Jugend an nur darauf achten, unseren Horizont zu erweitern.

Das Wissen um die eigene Willensstärke, die Gewissheit, aus eigener Kraft ein vermeintlich vorgegebenes Schicksal herausfordern zu können, macht unser Leben lebenswert.

Berge sind keine Grenzen, Gipfel sind Ausguckorte. Meere sind nicht unüberwindbar. Horizonte sind dazu da, Lust und Neugierde zu entwickeln, uns zu fragen: Was mag bloß dahinter liegen? Welche Abenteuer erwarten uns?

Wenn auf *Facebook, Instagram, TikTok* täglich inflationär die schönsten Sightseeing-Orte via Selfies gezeigt werden, wenn auf *Google* jeder Quadratmeter Erde ins Wohnzimmer herangezoomt werden kann, dann mag es den Anschein erwecken, dass es auf dieser Welt keine weißen Flecken mehr gibt. Die sozialen Medien generieren vermeintlich subjektives Erleben auf Knopfdruck. Billige Massenreisen lassen zudem keinen Erlebniswunsch mehr offen: Nach Galway, an die Klippen von Moher, bringt mich heute der Billigflieger samt *Flixbus* für 39,99!

Abenteuer, echte individuelle Erlebnisse, gibt es die überhaupt noch? Aber ja! Es gibt sie noch. Man muss sie nur suchen und finden wollen! In vielen noch versteckten Ecken der Welt und – vor allem und zuvorderst – in sich selbst. Denn bei Abenteuern geht es nicht *nur* um einen Ort, es geht immer auch um Begegnung. Mit der Natur, mit Menschen, mit dem eigenen Innersten. Und das ist auf vielerlei Arten möglich. Auch – und gerade – heute.

Der Wunsch nach Abenteuer lebt in uns allen, besonders in den Jugendlichen ist er stark ausgeprägt. Sich selbst entdecken, die Welt entdecken, Begegnungen suchen, Erfahrungen sammeln, Grenzen ausloten, sie im jugendlichen Enthusiasmus auch mal überschreiten. Der Glaube an die eigene Unsterblichkeit. Die Erkenntnis der Selbstwirksamkeit.

Das *sind* Abenteuer. Egal, ob vor der eigenen Haustür oder am anderen Ende der Welt.

Leider sind aber inzwischen viele der einst abenteuerlichen Plätze der Welt zu traurigen Orten verkommen.

Als ich 1986 das erste Mal im Basislager des Mount Everest war, wirkte es weitab von der Welt, ein beinahe heiliger und unberührter Ort. Nur eine Handvoll Bergsteiger aus aller Welt weilten dort. Reinhold und ich, ein kanadisches Brüderpaar und Éric Escoffier, ein französischer Ausnahmealpinist, der 1998 am Broad Peak im Karakorum-Gebirge ums Leben kam. Man unterhielt sich, freundete sich an, half sich gegenseitig. Ein Abenteuerort jenseits der Zivilisation.

Als ich nur wenige Jahre später dorthin zurückkehrte, hatte sich bereits alles geändert. Hin zum Schlechteren. Das Lager platzte aus allen Nähten, es reichte kilometerweit ins Tal hinaus, bis zu den letzten Almen. Es war schmutzig. Überall stapelte sich Müll. Und es war laut. Ein Party-Ort.

Heute? Würde ich für kein Geld der Welt dorthin zurückkehren wollen.

Wie konnte es so weit kommen?

Weil all das – Billigflüge, Party-Urlaube an einst naturbelassenen Orten der Extreme – mit echten Abenteuern, die auch heute noch erlebbar sind, gar nichts zu tun hat. All das ist Inszenierung. Eine groteske Karikatur. Die Vortäuschung von Erlebnissen. Während man sich weiterhin, selbst unterwegs, im Hamsterrad bewegt.

Der echte Abenteurer setzt sich Fremdem aus, er setzt sich der Natur aus, physisch und psychisch.

Und das ist heute möglich. Noch viel eher als in den Jahrzehnten und Jahrhunderten, die hinter uns liegen. Gerade weil inzwischen viel mehr Menschen die Möglichkeit haben zu reisen. Auch mit wenig Geld. Das gilt nicht nur für junge Menschen, sondern vor allem auch für Frauen, denen Reiseabenteuer über Generationen hinweg verwehrt blieben. Die zu Hause bei der Familie zu bleiben hatten.

Was sind das für Menschen, die Abenteurerinnen und Abenteurer von heute? Sie setzen sich ihren eigenen Ängsten aus, dem Alleinsein, den innersten Zweifeln, um das Leben als Erleben zu erfahren, um das Kribbeln beim Weggehen zu spüren, das Glück und die Zufriedenheit beim Heimkehren.

Das ist die Essenz von Abenteuern. Dafür reicht kindliche Neugierde, dafür reicht es, ausgetretene Wege zu verlassen, die Masse zu meiden, das Smartphone in der Windjacke stecken zu lassen, sich mit der Natur und sich selbst auseinanderzusetzen, in den Bergen, am Meer, in den Wüsten dieser Welt. Es reicht der Mut, aus- und aufzubrechen.

Wir können den Wind nicht ändern, aber die Segel anders setzen.

Diese – wohl fälschlicherweise – Aristoteles zugeschriebene Weisheit hat mich beeindruckt und begleitet. In diesem Satz steckt für mich der Weg zum selbstbestimmten Leben. Es geht darum, eine tiefe Beziehung mit dem eigenen Dasein einzugehen, Lebensfreude, Lebenskraft, Zuversicht zu suchen. Ja, unser ganz eigenes Leben zu leben.

Ich kenne niemanden, dem das kompromissloser gelungen ist als meinem Bruder Reinhold. Er reihte sich ein in die oberste Liga der Abenteurer-Legenden. Sein Name wird bleiben für immer. Wie auch der von Odysseus, Marco Polo, Christoph Kolumbus, Roald Amundsen, Edmund Hillary, Neil Armstrong.

Reinhold Messner, der Mann, der als erster Mensch ohne Sauerstoff auf allen Achttausendern stand.

Ich hatte das Glück, ihn oft auf Expeditionen begleiten zu dürfen. Ich war mit ihm im Himalaja, ich ging mit ihm zu Fuß durch Grönland – von Süd nach Nord. Ich scheiterte mit ihm bei dem Versuch, den Nordpol zu queren.

Doch die schönste unserer gemeinsamen Reisen hatte kein Streben nach einem Rekord als Ziel. Keinen noch nicht bestiegenen Gipfel, keine noch nie durchquerte Wüste. Es war ein spontaner Trip in die einsamen Weiten der Mongolei, in die es uns eines Tages verschlagen hatte. Ohne bestimmtes Ziel vor Augen. Und deshalb: frei – wie lange nicht mehr zuvor.

Es war 1999. Reinhold und ich waren mittlerweile ein eingespieltes Team, wir hatten mit der Grönland-Durchquerung einen großen Erfolg gefeiert, wir wären auf dem Weg zum Nordpol beinahe miteinander umgekommen. So etwas schweißt selbst Brüder noch einmal enger zusammen.

Nun hatten wir eigentlich den Gasherbrum II im Visier, einen Achttausender im Grenzgebiet von China und Pakistan, der dreizehnthöchste Berg der Welt. Reinhold hatte ihn bereits zwei Mal bestiegen, erstmals in den 1970er-Jahren, zum zweiten Mal 1984 gemeinsam mit Hans Kammerlander bei der Doppelüberschreitung des Gasherbrum I und des Gasherbrum II. Nun wollten wir den Gipfel von der bis dahin noch nicht erklommenen chinesischen Nordseite aus in Angriff nehmen, von Xinjiang aus, über einen nicht enden wollenden Gletscher.

Sechs Wochen sollte die Unternehmung dauern. Die Sponsoren waren an Bord, die Logistik stand bereit. Wir hatten uns, wie immer, bis ins kleinste Detail auf alles vorbereitet – psychisch wie physisch. Wir lasen uns in die Expeditionsgeschichten des Berges ein, Reinhold berichtete mir von seinen vergangenen Erlebnissen.

Wir studierten die Nordflanke, gingen die Route im Geiste immer und immer wieder durch. Vor Ort warteten bereits ein Dutzend Männer vom pakistanischen *Hunzukuc*-Stamm aus dem Karakorum-Gebiet, exzellente Träger und Bergsteiger, die dafür engagiert waren, unsere Ausrüstung mit Yaks ins Basislager zu bringen.

Die Flugtickets lagen bereit, die Nervosität stieg.

Dann, eines Nachmittags, wenige Tage vor Abflug, rief mich Reinhold an. Aufgebracht, zornig, verzweifelt. China hatte uns das Visum entzogen. Ohne Nennung von Gründen. Doch wir vermuteten schnell, dass sie es nicht goutierten, dass mein Bruder sich mit dem Dalai Lama angefreundet hatte, sich des Öfteren mit ihm gezeigt und ihm seine Unterstützung im Bemühen um mehr Rechte für Tibet zugesagt hatte.

Da saßen wir nun, völlig enttäuscht, auf Reinholds Burg in Juval zusammen, schauten auf die Apfelplantagen im Tal hinunter und fragten uns: Und jetzt?

Wir brauchten einige Stunden, um zu realisieren, welche ungeahnte Chance sich uns bot. Sechs freie Wochen. Ohne jegliche Verpflichtung. Wie damals, in den Sommerferien, als wir noch Kinder in St. Peter waren. Wir schauten uns an, schmunzelten bübisch. Dass jeder diese kommenden Wochen einfach für sich verbringen würde, darüber dachten wir keine Sekunde nach. Wir holten einen alten Globus herbei, setzten uns in die Stube, drehten ihn hin und her, schauten, wo in der Welt wir noch nie gewesen waren, wo wir immer schon einmal hinwollten.

Mongolei, sagte Reinhold schließlich.

Gut, Mongolei, antwortete ich.

Wir hatten kein konkretes Ziel. Es gab es keinen Gipfel, den wir als Erste besteigen wollten, keine Wüste, die wir als Erste durchqueren wollten – mussten! –, damit es für die nächste Expedition mehr Sponsorengeld gab, weil dann mehr Medien berichteten. Selbst Reinhold, der freiheitsliebendste Mensch, den ich kenne, war ja sein Leben lang gewissen Zwängen der Expeditionsökonomie unterworfen – im Hamsterrad. Normalerweise.

Und nun?

Mussten wir gar nichts. Durften alles. Wir waren frei wie Kinder, die erstmals den Wald entdecken, die erstmals eine Felswand hochklettern. Wir brachen aus, wussten nicht, was uns erwartete. Wir hatten uns nicht vorbereitet, keine Bücher über die Mongolei gelesen, keine Karten studiert. Wir machten keine Expedition – nur eine kleine Reise ins Unbekannte. Ohne Erfolgsdruck.

Wir riefen einen gemeinsamen Freund an, Ralf-Peter Märtin, Historiker und Reisereporter, und fragten ihn, ob er nicht spontan mitkommen wolle. Er sagte sofort zu.

Tags darauf kauften wir neue Flugtickets, nahmen die Rucksäcke, die wir für die Expedition schon gepackt hatten, und fuhren zum Münchner Flughafen.

Drei Freunde, ein Abenteuer.

Ulaanbaatar, die Hauptstadt der Mongolei, empfing uns mit schäbigem Charme. Sowjetische Plattenbauten in Reih und Glied, dazwischen Bruchbuden aus Holz und Tempel mit goldenen Buddhastatuen. Etliche herrenlose Panzer säumten die Straßen. Am Horizont stand ein Heizkraftwerk, das aus großen Röhren Rauch in den Himmel stieß.

Noch am Flughafen sprach uns eine junge Frau Mitte dreißig an, eine Mongolin, gegerbtes Gesicht, rote Wangen, braunblondes Haar. Sie stellte sich als Fei vor.

In gebrochenem Englisch fragte sie uns, was wir hier machten. Tourismus? Gab es damals nicht in der Mongolei.

Wir hatten mittlerweile beschlossen, in den Westen zu ziehen. 1600 Kilometer. Zum Altai-Gebirge.

Was wollt ihr dort?, fragte Fei weiter.

Wir zuckten mit den Achseln. Wir wussten es nicht.

Ihr seid verrückt, sagte sie wieder, aber wenn ihr wollt, dann besorge ich einen Fahrer und bringe euch dahin.

Sie verschwand – und kam bald darauf in einem rostigen, zerbeulten Geländewagen wieder. Am Steuer saß ein etwa fünfzigjähriger Herr, schwarzes Haar, schwarzer Bart, schwarze Augen. Er drückte uns schüchtern die Hand, schwieg.

Wir zwängten uns in das Gefährt mit unseren Rucksäcken auf dem Schoß, bald ging es über Sandpisten, saftige Wiesen lagen links und rechts der Fahrbahn, so weit das Auge reichte. Wir fuhren immer geradeaus. Ins Nirgendwo.

Mittags picknickten wir am Straßenrand, die Expeditionsnahrung, die wir in unseren Rucksäcken hatten, auf der Motorhaube: Instantnudeln, getrocknetes Fleisch, Schüttelbrot, Südtiroler Speck.

Nachts schliefen wir im kleinen Expeditionszelt, Fei und der Fahrer auf den Sitzen des Autos.

Nach wenigen Tagen wurde die Sandbahn zur Schlammstraße. Der Geländewagen blieb stecken, Fei fluchte. Sie drückte aufs Gas, wir Männer schoben, zogen, zerrten am Gefährt, es löste sich, doch dann gab der Motor auf.

Fei sagte, sie und der Fahrer würden das schon hinbekommen, und holte Werkzeug aus dem Kofferraum.

Wir hatten keine Ahnung von Motoren, ließen sie machen. Als sie jedoch nach Stunden immer noch nichts bewirkt hatten, schlugen wir vor, zu Fuß weiterzugehen.

Ihr spinnt, sagte sie wieder.

Niemand gehe hier zu Fuß. Nur Verrückte würden das tun.

Wir gehen trotzdem, erwiderte Reinhold.

Sie gab zähneknirschend nach und versprach nachzukommen, sobald der Motor repariert sei.

Wir ließen den beiden Proviant zurück. Finden würden sie uns ja bestimmt. Es gab nur diese eine kerzengerade Straße nach Westen.

Die Landschaft wurde hügeliger. Auf den Weiden grasten nun Schafe, Ziegen, Rinder, Yaks. Die Hirten winkten uns zu. Wilde Pferde galoppierten in der Ferne. Ab und an kreuzten wir eine Nomadenkarawane samt Kamelen mit Holzsatteln. Auch sie waren freundlich gesinnt, reichten saure Stutenmilch, wir ließen sie vom Schüttelbrot kosten.

Wenn es Abend war, boten sie uns an, bei ihren Jurten, den traditionellen großen Zelten, zu schlafen. Da aßen wir gekochtes Hammelfleisch und kosteten vom *Archi*, dem mongolischen Milchschnaps.

Wir redeten kaum ein Wort – wie auch? Und doch verstanden wir uns. Über Gesten, über ein Lachen. Wir schliefen im Freien, kein künstliches Licht, nirgendwo. Nur der silbern funkelnde Sternenhimmel. Nie zuvor und nie mehr danach habe ich ihn so intensiv erlebt.

Ja, hinter jedem Hügel konnte Gefahr lauern, jeder, dem wir begegneten, konnte uns Böses wollen. Theoretisch.

Dem war aber nicht so!

Ich denke, jeder Mensch sollte – am besten in jungen Jahren – mindestens einmal in seinem Leben an einen ihm fremden Ort reisen, die Gastfreundschaft Fremder kennenlernen. Ich mag naiv sein, aber ich glaube, das würde unseren Planeten zu einem besseren Ort machen.

Simon, mein Neffe, Reinholds Sohn, Kletterer, Abenteurer,

Filmemacher, Biobauer, Molekularbiologe, sagte einmal den klugen Satz: Wenn ich nie von zu Hause weggegangen wäre, würde ich heute nur die Hälfte von mir selbst kennen.

Oft muss ich daran denken. Ebenso, wie ich oft im späteren Leben an die Güte und Offenheit der mongolischen Nomaden dachte, wenn ich wieder einmal durch eine Tür ging, bei der ich nicht wusste, was mich dahinter erwartete. Auch wenn mich jemand um Hilfe bat oder ich sah, dass jemand Hilfe benötigte.

Tage später weckte uns ein altbekanntes Motorgeräusch, der Geländewagen. Fei und der schweigende Fahrer hatten es also tatsächlich geschafft, ihn zu reparieren.

Wir fuhren weiter, bald tauchten am Horizont verschwommen zackige Silhouetten auf, das Changai-Gebirge, zu dessen Füßen: die Stadt Tsetserleg.

Alles wirkte wie in sich zusammengefallen. Leere Soldatenkasernen, leere Fabrikhallen. Dazwischen immer wieder Klöster und Tempelanlagen.

Nachdem die Russen verschwunden waren, klärte uns Fei auf, seien die Menschen wieder zu Nomaden geworden. Sie schliefen lieber gemeinsam in großen Jurten als alleine in kleinen Zimmern.

Wir übernachteten in einem schäbigen Hotel, duschten erstmals wieder seit Ewigkeiten.

Wenig später streikte der Wagen erneut. Wieder zogen wir zu Fuß los. Die Changai-Berge hinter uns lassend, dem äußersten Westen des Landes näher kommend. Irgendwann holten uns Fei und der Fahrer abermals ein. So ging es noch ein paarmal. Dann tauchten die weißen Gebirgsspitzen in der Ferne auf. Eine faszinierende Stille und Ruhe ausstrahlend.

Verzaubernd schön. Der Ort, den wir angepeilt hatten, das Altai-Massiv.

Wie hoch ist der höchste der Gipfel?, fragte ich dann doch irgendwann.

Reinhold schmunzelte. Natürlich wusste er es. Wir Südtiroler bekommen den Gedanken an das Erklimmen der Berge eben doch nicht aus unseren sturen Schädeln heraus.

4506 Meter, sagte mein Bruder, der Belucha. Aber der schönste ist der Sutai, 4220 Meter, der heilige Berg der Mongolen.

Wir entschieden uns für den schönen.

Ein Spaziergang, sagte ich.

Genau richtig für uns, sagte Reinhold.

Dann lachten wir alle. Auch Fei. Und sogar der schweigsame Fahrer, nachdem sie ihm alles übersetzt hatte.

Während ich diese Zeilen schreibe und nebenher auf *Google Maps* die Route zu rekonstruieren versuche, kommen mir kaum Erinnerungen in den Sinn. Erst wenn ich die Augen schließe, sind sie plötzlich da: die Stille, die lehrreiche und beeindruckende Selbstgenügsamkeit der Nomaden am Rande der Zivilisation, ihre beglückende Gastfreundschaft, die unglaubliche Entschleunigung, die wir erlebt hatten. Geländewagen? Oder zu Fuß? Es war uns egal.

Bald trafen wir keinen Menschen mehr, die Natur glich zunehmend der unserer Heimat. Gebirgslandschaft. Murmeltiere pfiffen, wenn wir näher kamen, Falken und Adler kreisten neugierig über uns. Wir liefen an niedergebrannten Klöstern vorbei, an Seen, wir wanderten und fuhren über

Pässe, an deren höchstem Punkt Steinpyramiden gestapelt waren. Verziert mit Gebetsfahnen, Tierschädeln, halb vollen Schnapsflaschen. Für die Götter.

Die Gletscher kamen näher, Reinhold und ich ließen die anderen zurück und stiegen eine steile, eisige Flanke empor, immer höher und höher. Bis es nicht mehr höher ging.

Am Gipfel des Sutai freuten wir uns wie damals als Buben auf den höchsten Punkten der Berge, die unser Tal umgeben. Wir umarmten uns, schnitten Speck auf. Der Blick reicht bis nach Kasachstan hinüber, bis weit in die Wüste Gobi hinein, die Reinhold ein paar Jahr später durchquerte.

Welch Ausblick! Kein Horizont. Noch nie zuvor in meinem Leben hatte ich so weit gesehen.

Und selten vorher und danach so tief in mich hinein.

Ich empfand extreme Zufriedenheit. Große Leichtigkeit, innere Ruhe. Die Stille um mich war rein, sie wirkte beinahe greifbar. Jegliches Zeitgefühl war mir abhandengekommen. Ich verspürte Dankbarkeit. Und Demut. Vor dieser unberührten Natur. Ich freute mich aber ebenso, zurückkehren zu dürfen. Meinen Liebsten von alldem erzählen zu können.

3

KEINE ANGST VOR MORGEN

Wollen wir wirklich ewig leben?

Wir standen auf der Terrasse des altehrwürdigen Jugendstil-Hotels der Familie Holzner auf dem Hochplateau des Ritten, hoch über Bozen. Es war ein warmer Dezembernachmittag, solch ein Tag, an dem man sich in Südtirol selbst winters besser mit Sonnencreme einschmierte, die Jacke bald auszog und in hochgekrempelten Hemdsärmeln den Bergen zuprostete.

Von hier oben blickten wir zum Schlern, zum Rosengarten, zum Latemar, zur Seiser Alm, dahinter lugten der Langkofel und der Plattkofel hervor, auch bis zum Weißhorn und zum Schwarzhorn reicht die Sicht – und zur Kirche des Wallfahrtsorts Weißenstein, den selbst Papst Johannes Paul II. einst besucht hatte, weil es da so schön ist.

Ein Bläserquartett spielte auf.

Schöner konnte es selbst im Himmel nicht sein.

Wir hatten eben noch alle zusammen zu Mittag gegessen. Es gab *Schlutzer*, die typischen Südtiroler mit Spinat gefüllten Teigtaschen, einen Hirschbraten, danach heiße Himbeeren

mit selbst gemachtem Vanilleeis. Dazu feinsten Blaubur-
gunder.

Ein guter Freund, Rudolf, hatte uns alle eingeladen. Er
feierte seinen Achtzigsten. Seine Frau, so sagte er bei der Ge-
burtstagsrede mit einem Augenzwinkern, habe geschimpft.

So viel Geld ausgeben in dem Alter!

Rudolf aber sagte, er wolle das Leben feiern, solange er
noch könne. Er war ein Lebemensch, ein lustiger Geselle, ich
kannte ihn noch gar nicht so lange, aber ich genoss jede Mi-
nute mit ihm.

So wie Rudolf, sagte ich einmal meiner Frau, so möchte ich
mit achtzig auch sein, wenn es mir vergönnt ist, ein solches
Alter zu erreichen.

Rudolf war ein neugieriger Kerl. Er sprach mich eines Tages einfach von der Seite an, als ich an einem Tischchen vor
der Bar am Hauptplatz jenes Dorfes saß, in das ich mit meiner Familie gezogen war. Das lag zwar schon viele Jahre zurück, aber erst nach meiner Pensionierung als Neonatologe
im Krankenhaus von Bozen hatte ich begonnen, ein wenig Kontakt zu den Menschen aufzubauen. Vorher war man
mir, dem Arzt aus der Stadt, mit einer gewissen Distanz be-
gegnet.

Es ist ja nicht immer leicht in Südtirols Dörfern, wenn
man als Neuer dazukommt.

Viele Familien sind dort oft seit Generationen verhaftet,
Neuankömmlinge werden kritisch beäugt und beobachtet.
Rudolf aber beobachtete nicht lange, er kannte mich nicht
persönlich, nur aus der lokalen Presse, die über mein Enga-
gement als Arzt berichtete.

Schön, Sie auch einmal hier zu sehen, sagte er. Was machen Sie denn jetzt? Man hört und liest ja so manches.

Er gab mir sofort das Gefühl, willkommen zu sein. So wenig braucht es manchmal.

Er bestellte zwei Gläser Weißburgunder, und nachdem wir angestoßen hatten, noch vor dem ersten Schluck, duzten wir uns.

Ich erzählte ihm, was ich machte, er erzählte mir von sich. Er war in einer einfachen Bauersfamilie mit drei Schwestern groß geworden. Er berichtete mir, wie das so war mit den Schwestern, ich berichtete, wie das so war mit vielen Brüdern.

Er hatte sein ganzes Leben lang viel auf dem elterlichen Grund und Boden gearbeitet. Nach und nach Land dazugekauft und einen neuen eigenen Hof aufgebaut. Sein Geld verdiente er mit Wein und Äpfeln. Da seine Frau und er leider kinderlos geblieben waren, hatte er seit ein paar Jahren alles einem jungen befreundeten Bauern verpachtet.

Wie hast du es geschafft, so fit zu bleiben?, fragte ich ihn.

Er grinste nur und lachte erfreut.

Ich erfuhr bald, er hielt es mit Winston Churchill.

No sports!

Harte Arbeit ist Sport genug, sagte er mir. Den Rest der Lebenszeit sollte man sich nicht auch noch mit Laufen, Schwimmen, Gewichtheben quälen.

Seine ganze Leidenschaft gehörte der Musik. Er war jahrzehntelang Bezirksobmann der Südtiroler Musikkapellen gewesen. Das ist hierzulande ein gewichtiges Amt. Denn jedes Südtiroler Dorf hat eine Musikkapelle, manche sogar zwei, weil die einen lieber Traditionelles, die anderen eher Moderneres spielen.

Wir trafen uns nun öfter auf einen Macchiato oder ein Glas Wein, diskutierten das Tagesgeschehen oder verloren uns in den alten Zeiten.

Bald lud Rudolf mich und meine Familie zu sich auf seinen Hof ein. Dann revanchierten wir uns bei ihm und seiner Frau mit einer Einladung zu uns.

Er stellte mich seinen Freunden im Dorf vor. In den Frühjahren spazierten wir durch seine blühenden Apfelgüter, danach gab es eine Marende mit Speck, würzigem Käse und einem Glas Vernatsch – an einem großen Tisch unter einer schattigen Pergola.

Rudolf war ein lustiger, lebensfroher, zufriedener Mensch.

Im Sommer zeigte ich ihm und seinen Freunden die Alm unter den Geislerspitzen, die mein Kinderspielplatz gewesen war.

Solange es mir gut geht, sagte Rudolf oft, erfreue ich mich am Leben. Im Alter vor mich hinsiechen, das will ich nicht, Hubert, dann soll's lieber vorbei sein.

Wir redeten viel über das Leben. Und den Tod. Ich möchte nicht ewig leben, sagte er mir, ich möchte nur in Würde sterben.

Und: Ich habe das Leben genossen, wann immer es nur ging, deshalb habe ich keine Angst vor dem Sterben. Angst haben nur die, die nie richtig gelebt haben.

Wollen wir ewig leben?

Welch übermenschlich große Frage. Und doch beschäftigt sie uns, immer schon. Es wird kaum jemanden geben, der es sich in einem Gedankenspiel nicht zumindest einmal vorgestellt hat – nie sterben! Immerzu auf Erden wandeln.

Ewiges Leben, wir finden es bei den Buddhisten durch die Reinkarnation. Wir finden es im Christentum durch Auferstehung und Himmelfahrt. Wir finden es bei Sagen und Märchen. Wir finden es in Hollywood, wo untote Vampire blutsaugend durch die Jahrhunderte wandeln.

Wir finden es bereits in der griechischen Mythologie, wo die Götter unsterblich waren. Wo sich Eos, die Göttin der Morgenröte, nach den Erzählungen in Ovids *Metamorphosen* in den menschlichen Prinzen Tithonos verliebt, ihn entführt, Göttervater Zeus um dessen Unsterblichkeit bittet. Zeus kommt ihrem Wunsche nach. Ewiges Leben! Allerdings hatte Eos vergessen, auch um Tithonos' ewige Jugend zu bitten.

Tithonos wird älter und älter, er schrumpft in sich zusammen, seine Stimme wird schriller, keifender; schließlich erbarmt sich Zeus seiner und verwandelt ihn in eine Zikade, die von da an Eos begleitend zur Seite steht.

Es scheint, als hätten wir heute, in den Zwanzigerjahren des 21. Jahrhunderts, noch immer nichts aus Ovids im Kern simpler Botschaft gelernt.

Auch heute noch scheinen viele Menschen alles nur Erdenkliche in Bewegung zu setzen – wobei sie keine Kosten und Risiken scheuen –, um ewiges Leben zu erlangen. Und sie schrecken auch nicht davor zurück, dabei biologische, medizinische sowie ethische und moralphilosophische Bedenken in den Wind zu schlagen.

Wie verrückt gewordene Alchimisten suchen wir nach dem einen Mittelchen, dem Heiligen Gral, der uns ewig leben lässt. Wir jauchzen jedes Mal beglückt auf, wenn wir etwas

Neues finden und erfinden, das das Altern hinauszögert. Eine neue Antifaltencreme, eine neue Ernährungsmethode, ein neues Antistress-Tool, ein noch raffinierterer chirurgischer Eingriff.

Modernste Stammzellentherapie hilft Leukämiepatienten, und das ist gut so – aber der Traum mancher Forscher geht noch weiter, viel weiter. Bald sollen diese Zelltherapien Organe von älteren Menschen durch im Labor herangezüchtete ersetzen. Herzmuskeln, Leber, Nieren.

Die Statistik verstärkt diesen Drang. Tatsächlich, der Mensch wird älter, von Generation zu Generation. Ja, durch medizinischen Fortschritt, die uns verfügbaren Technologien, aber auch schlicht durch einen gesünderen Lebenswandel haben wir in den vergangenen Jahrzehnten die Lebenserwartung weiter nach oben geschraubt.

Heute wird ein Mann in Italien durchschnittlich 81 Jahre alt, eine Frau 86 – die Lebenserwartung ist damit ein klein wenig höher als in Deutschland. Um 1950 betrug sie beim Mann noch 64,6, bei der Frau 68,5 Jahre. Um 1900: 44,8 beim Mann, 48,5 bei der Frau.

In naher Zukunft, so sagen Altersforscher, könnte der Mensch durchaus dreißig bis vierzig Jahre länger leben.

Kommen wir dem ewigen Leben also doch näher und näher?

Vielleicht. In kleinsten Schritten. Und doch steckt in all diesem Streben ein Trugschluss.

Denn: Wir verwechseln, wie schon Eos und Tithonos bei Ovid, ewiges Leben mit ewiger Jugend. Wir werden auch in Zukunft kaum länger jung sein, sondern einfach nur viel, viel länger alt.

Durch Sport, gesunde Ernährung, Stressvermeidung – wenn wir das denn hinbekommen – können wir wohl so manches Fältchen und Wehwehchen hinauszögern. Dennoch verliert unser Körper, wenn nun auch etwas langsamer, mit zunehmendem Alter die Fähigkeit, auftretende Schäden selbst zu regulieren.

Der natürliche Zellverfall setzt ein.

Die Forschung will ihn aufhalten, doch muss ich dabei an ein sinkendes Schiff denken: Der Druck des Ozeanwassers schlägt Lecks ins Holz, wird eines davon vorne am Bug repariert, bricht hinten am Heck ein weiteres auf, dann eins Backbord, danach eins Steuerbord …

Während meines gesamten beruflichen Lebens beeindruckte mich immer wieder, wie schnell der Heilungsprozess bei Kindern vor sich geht. Ein Biss in die Zunge, eine Wunde, es blutet stark, doch bald schon ist alles wieder gut – oft ganz ohne ärztliches Zutun. Bei einfachen Knochenbrüchen fügen sich die Teile meist binnen zwei bis drei Wochen optimal wieder zusammen – ohne jegliche bleibende Schäden. Bei Gehirnhautentzündungen erholen sich Kinder um ein Vielfaches schneller und besser als Erwachsene.

Ihr Körper ist darauf gepolt, stark zu werden, zu leben, Zellen werden schneller auf- und abgebaut, Reparaturmechanismen greifen zügiger.

Der alternde Körper hingegen baut ab, verliert an Kraft, an Energie, an Dynamik.

Und sind wir bald alle länger alt, so bringt das vielfach gesellschaftliche Probleme mit sich. Es wirft das soziale Gefüge durcheinander, es belastet das eh schon geforderte Gesundheitssystem noch stärker. Wir haben es länger mit altersbedingten chronischen Erkrankungen zu tun: Herz-Kreislauf-Erkrankungen, Bluthochdruck, Lungenerkrankungen, Diabetes, Arthrosen, zunehmende Demenzfälle.

Die Überalterung unserer Gesellschaft führt trotz allen Fortschritts zu einer Verminderung der Lebensqualität, zum Verlust der Lebensfreude, zu einer demografischen Depression.

Wir werden nicht ewig leben. Wir werden nicht gesund sterben. Wir werden unsere Autonomie verlieren – vielleicht etwas später, dafür aber länger.

Bei Frühchen habe ich mich zeit meines Arbeitslebens mit der Frage beschäftigt: Wie früh ist zu früh? Wann gehen wir zu weit? Wann ist es einfach nicht sinnvoll, ein Leben auf die Welt zu bringen, dessen Qualität fraglich ist, nur um zu beweisen, dass wir es können? Diese Fragen stelle ich mir nun zunehmend im Hinblick auf das Lebensalter.

Wir werden alle sterben. Viel wichtiger, als das Leben möglichst in die Länge zu strecken, erscheint mir, ganz wie mein Freund Rudolf das immer postulierte, durch ein erfülltes Leben die Angst vor dem Sterben zu überwinden.

Das ist möglich, auch wenn diese Angst immer in uns stecken wird. Weil das menschlich ist. Ebenso wie die Angst vor dem Siechtum, dem Angewiesensein auf Hilfe, dem Verlust der Selbstbestimmung. Die Angst, nicht selbst entscheiden zu können, wann das eigene Leben nicht mehr lebenswert ist. Wann es nach einem hoffentlich erfüllten Dasein auf Erden genug ist.

Wer im Alter Zufriedenheit findet, der, so glaube ich, strebt nicht nach ewigem Leben. Und nur, wer sein Leben selbst in die Hand genommen hat, sich seine Wünsche erfüllt hat, verstanden hat, was er will im Leben – und was nicht! –, findet genau zu diesem erstrebenswerten Geisteszustand.

Die einen schaffen es nicht, dem Laster zu entsagen. Dem guten Essen, dem Glas Wein zu viel. Na und? Laster, Ekstase, Fehler, Krankheiten und Krisen, das gehört doch alles zum Leben dazu.

Andere brauchen nicht viel für ein bisschen Glück – wie meine Eltern. Doch das bisschen, das sie brauchten, gönnten sie sich auch.

Als wir Kinder alle aus dem Haus waren, fuhren sie einmal im Jahr für zwei Wochen nach Sizilien. 1400 Kilometer. Mit ihrem alten *Mini*. Die Sizilianer, sagte meine Mutter immer, die gefallen mir. Sie schwärmte regelrecht: Die leben heute noch einfach und unbeschwert, wie wir damals. Die haben das Meer wie wir die Berge. Das Meer macht sie demütig. So wie die Berge das mit uns machen. Sie leben im Hier und Jetzt. Im Bewusstsein, dass irgendwann all das vorbei sein wird.

Der Tod ist die sinnvolle Grenze des Lebens. Er treibt uns an, das Leben auszukosten, es nach unseren Vorstellungen zu gestalten. Das irdische Dasein erhält seinen Sinn nur durch die Endlichkeit – wie übrigens alles im Leben. Man kann nicht ständig genießen, nicht ewig genießen. Das Wissen um den Tod gibt uns allen die Kraft, zu handeln, Ziele zu definieren, Wünsche zu verwirklichen. Es treibt uns an. Wenn einer sein Leben nicht tatkräftig gelebt hat, was nützen ihm dann zehn Jahre mehr? Es sind nur zehn weitere Jahre des benebelten Trotts.

Gäbe es keinen Tod, würde ich morgen früh nicht aufstehen.

Ich halte es mit dem legendären italienischen Reisejournalisten und Schriftsteller Tiziano Terzani: Wer bewusst gelebt hat, kann es auch schaffen, bewusst zu sterben. Ruhig dem Ende entgegenzusehen. Terzani schreibt in seinem Buch *Das Ende ist mein Anfang* an seinen Sohn Folco, im Wissen, bald von dieser Welt zu scheiden:

> *Ich bin so froh, mein Sohn. Ich bin jetzt sechsundsechzig, und mein Leben, diese große Reise, geht dem Ende zu. Ja, ich bin an der Endstation angelangt. Aber ohne Trauer, im Gegenteil, fast mit einem Schmunzeln. Vor ein paar Tagen hat deine Mutter mich gefragt, »Hör mal, wenn jemand anriefe und uns von einem Mittel erzählte, mit dem du noch zehn Jahre weiterleben könntest, würdest du es nehmen?« Und ich habe ganz spontan gesagt: »Nein!« Ich würde es nicht nehmen, ich will nicht noch zehn Jahre leben. Wozu denn? Um all das zu tun, was ich bereits getan habe? Ich bin im Himalaja gewesen und habe mich darauf vorbereitet, auf den großen Ozean des Friedens hinauszusegeln. Warum sollte ich mich da noch einmal in ein Bötchen setzen, um am Ufer entlangzuschippern und zu angeln? Das interessiert mich einfach nicht mehr.*

Dem Körper und der Lebensdauer messen wir viel zu viel Bedeutung bei. Der Körper altert, er soll dies auch tun, als Zeichen an uns, dass alles endlich ist. Die Lebensdauer, sie schwindet von Tag eins unseres Lebens an. Es ist die Aufforderung an uns: Nimm dir was vor im Leben! Tu Gutes!

Genieße es! Dann kannst du auch glücklich und zufrieden von dieser Welt gehen. Und überhaupt, die Welt! Wie schreibt Terzani doch so richtig:

Wenn du es dir genau überlegst – und das ist ein schöner Gedanke, den natürlich schon viele angestellt haben –, ist die Erde, auf der wir leben, im Grunde ein riesiger Friedhof. Ein immens großer Friedhof all dessen, was gewesen ist. Wenn wir anfangen würden zu graben, fänden wir überall zu Staub zerfallene Knochen, die Überreste des Lebens. Kannst du dir vorstellen, wie viele Abermilliarden von Lebewesen auf dieser Erde gestorben sind? Sie sind alle da! Wir laufen ständig über einen unendlich großen Friedhof. Das ist seltsam, denn wir stellen uns Friedhöfe immer wie Orte der Trauer vor, Orte des Leidens, der Tränen. Dieser immense Friedhof aber, die Erde, ist wunderschön! Mit all den Blumen, die darauf wachsen, mit all den Ameisen und Elefanten, die darüberlaufen. Er ist die Natur!

Im besten Falle ist der Tod das Ziel, das man glücklich und zufrieden mit allen Erlebnissen, die man im Laufe des Lebens gesammelt hat, erreicht.

Im Verlangen nach dem ewigen Leben kommen wir nicht zur Ruhe. Wie lernen nicht loszulassen. Dabei muss das doch etwas so Schönes sein: ein immenses Freiheitsgefühl. Eines der stärksten Lebensgefühle überhaupt.

Es geht mir gut, in mir ruhend, blicke ich auf mein Leben zurück. Jetzt kann auch der Tod kommen. Komm nur. Ich habe keine Angst. Es ist in Ordnung, wenn es jetzt vorbei ist.

Der Tod gehört zum Leben dazu, ohne ihn ist es unvollständig. In der Geburt liegt das Wunder, in den jungen Jahren der Ehrgeiz, im Alter Ruhe und Gelassenheit. Eine Stammzelltherapie in Anspruch nehmen, um die Lebensdauer von fünfundachtzig auf hundertfünf Jahre zu verlängern? Was soll das? Das Leben ist keine olympische Disziplin, kein Rekordlaufen.

Die Medizin ist primär dafür da, jenen zu helfen, denen droht, viel zu früh aus dem Leben gerissen zu werden. Nicht dazu, ein gelebtes Leben – koste es, was es wolle! – noch möglichst in die Läge zu strecken. Ein langes Sterben weiter zu verlängern.

Tiziano Terzani hat die ganze Welt bereist, doch hat er stets auch sich selbst gesucht. Hat man sich gefunden, im Alter, ist man am Ende des Weges, der sich Leben nennt, mit sich selbst mehr oder weniger im Reinen – und in dem Moment auch bereit für den Tag, an dem es vorbei sein soll. Dann ist alles gut.

Es geht im Leben nicht um das Sammeln von Jahren, nicht um das Leben um jeden Preis.

Wer den Tod zulässt, verliert nichts, gewinnt vielmehr alles.

Doch heute haben wir den Tod verdrängt, wir wollen nichts von ihm wissen. Er ist tabu. Aber so verdrängen wir auch das Leben. In meiner Kindheit und Jugend im Tal gehörte der Tod zum Leben. Er war allgegenwärtig. Er war etwas vollkommen Natürliches.

Meine Mutter sagte mir immer: Der liebe Gott wird mir schon ein Zeichen geben, wenn es Zeit ist loszulassen. Sie war tiefgläubig, glaubte auch an ein Leben nach dem Tod, sie versuchte, Gutes zu tun, hoffte auf Erlösung, auf ein neues Leben an einem besseren Ort, sie vertraute auf Gott. Es würde schon alles gut werden.

Wenn sie weinte, dann nie um sich. Ihre Tränen galten meinen beiden Brüdern Günther und Siegfried, die durch Bergunglücke zu früh ums Leben gekommen waren. Der eine am Nanga Parbat, der andere an den Vajolet-Türmen in den Dolomiten. Beide konnten ihren Rucksack der Erlebnisse nicht zur Gänze füllen, sie wurden aus dem Leben gerissen.

Das tut weh. Meistens mehr noch denen, die bleiben, als denen, die gehen müssen. Das habe ich als Kinderarzt in der Onkologie immer wieder beobachtet: Kinder, die einen Tumor haben oder an Leukämie leiden, die verschiedene Operationen oder Chemotherapien durchgemacht haben, haben keine Angst vor dem Tod. Sie sterben ganz ruhig, ähnlich wie meist zufriedene ältere Menschen. Sie verstehen, dass sie von dieser Welt gehen müssen, bereiten sich vor mit einer schier unglaublichen Kraft, die sie leitet. Es scheint oft, als warteten sie geduldig darauf, bis die Eltern bereit sind, sie loszulassen.

Das hat mich immer wieder so sehr beeindruckt. Diese Kinder könnten an der Ungerechtigkeit verzweifeln, so früh sterben zu müssen. Ihr Leben hat ja gerade erst begonnen. Mutter und Vater machen das, verständlicherweise, sie hadern mit dem Schicksal.

Die sterbenden Kinder machen es nicht. Sie nehmen das Schicksal an. Im Wissen, dass ihre Lebenszeit begrenzt ist, strahlen sie eine Freude aus, zumindest die wenige verbleibende Zeit mit ihren Liebsten verbringen zu dürfen. Vor allem aber strahlen sie Ruhe aus. Oft schien es mir, als begleiteten sie ihre Eltern in diesen schweren Stunden. Nicht umgekehrt. Sie trösten sie.

Die Kindertherapeutin Anna Freud, Tochter von Sigmund Freud, formulierte in ihrem Werk *Kranke Kinder*:

> *Soweit Kinder nicht aus der Reaktion der Eltern die Nähe des Todes erraten, fühlen sie selbst nur die Abnahme ihrer Kräfte und das Schwinden jeder Lebenslust. Alles, was der Erwachsene dann noch tun kann, ist, dass er dem Kind erlaubt, sich gehen zu lassen und den hoffnungslosen Kampf mit der Krankheit aufzugeben.*

So wird es auch für die Eltern einfacher, loszulassen, vielleicht zu akzeptieren.

Wir können von diesen Kindern so viel lernen. Sie nehmen ihre kurze Zeit auf Erden an, mit allem, was sie haben. Diese wenigen, oft schmerzhaften Lebensjahre, die so weit weg sind vom absurden Wunsch nach ewigem Leben.

Oft bin ich zu den Begräbnissen dieser Kinder gegangen. Mich interessierte dabei nicht die kirchliche Zeremonie, das ist nicht meine Art des Abschiednehmens, teilweise befremdet sie mich sogar. Ich mag aber die Stille beim gemeinsamen Gang zum kleinen Grab mit dem weißen Kreuz. Ich lasse dabei die Tage, Wochen, oft Monate, die ich mit diesem Kind verbracht habe, im Kopf Revue passieren. Dann weine ich, lache manchmal still in mich hinein, weil mir traurige, aber auch schöne gemeinsame Momente einfallen.

Ich lasse los.

Stets denke ich dabei an eine Zeile aus dem Trauerspiel *Der Stern von Sevilla* von Joseph Christian von Zedlitz:

Tot nur ist, wer vergessen wird.

In diesem Sinne leben diese Kinder weiter, wie auch meine Brüder, meine Eltern; ich erzähle meinen Söhnen von ihnen. Da ist es doch, wenn man so will, das kleine bisschen Ewigkeit.

Wissen, wann es genug ist. Loslassen. Gerne gelebt haben. Gehen, ohne Angst. Ich wünsche es jedem, meinen Liebsten, auch mir selbst.

Meinem Freund Rudolf war es nicht vergönnt.

Wenige Tage, bevor es passierte, saßen wir noch einmal zusammen. Er hatte wieder einmal zu einer seiner traditionellen Marenden unter der Pergola geladen. Rudolf sah mitgenommen aus. Er wirkte in sich zusammengefallen, blass.

Ich fragte ihn, wie es ihm gehe.

Nicht gut, Hubert, sagte er.

Ich wusste nicht recht, was ich antworten sollte.

Selbst das ist heute ja oft eine Überforderung. Wenn jemand freiheraus sagt, dass es ihm schlecht geht.

Dabei kann es uns ja nicht ständig gut gehen.

Auch wenn wir alle so tun, als ob.

Wenige Tage später rief mich Rudolfs Frau an. Er habe am Morgen scheinbar leblos im Bett gelegen. Nun sei er auf der Intensivstation.

Ich fuhr sofort ins Krankenhaus. Er habe eine starke Hirnblutung, sagte mir dort der behandelnde Arzt. Die Lage sei kritisch.

Rudolf, mein achtzigjähriger Freund, lag im künstlichen Koma. Die Überlebenschance? Verschwindend gering. Und falls er doch erwachen würde? Würde er nie wieder der sein, der er vorher war.

Der Arzt fragte Rudolfs Frau, ob es eine Patientenverfügung gebe.

Sie verneinte. Er habe nie an den Tod gedacht. Nur an das Leben.

Mir zerriss es das Herz. Wir, alle seine Freunde, wussten, dass er in so einem Falle lieber sterben würde. Ganz sicher.

Die Ärzte versuchten, ihn nach einigen Tagen aus dem Koma zu holen. Sie mussten es versuchen.

Ich hoffte, ganz in Rudolfs Sinne, es würde nicht gelingen.

Sie extubierten ihn, er atmete. Selbstständig. Nur das, sonst nichts.

Er ist jetzt halbseitig gelähmt. Er hat Schluckbeschwerden, Sprachstörungen, auf einem Auge ist er nun blind.

Er liegt in einem Heim, in einem Pflegebett. In totaler Abhängigkeit.

Er lebt. So wie er nie hatte leben wollen.

Meine Frau und ich besuchen ihn, wann immer wir können.

Menschen scheuen sich heute oft, Kranke zu besuchen. Weil sie in den Momenten realisieren, dass das Leben endlich ist.

Wir sollten es viel öfter tun.

Rudolf weint, beinahe jedes Mal. Er ist ohne Lebensfreude. Im eigenen Körper gefangen. In sich zusammengefallen. Jeder seiner Blicke sagt mir, dass er so nicht leben möchte.

Er sagt mir, er sei nicht mehr er selbst. Der hier, der er nun sei, wolle er nicht sein.

Er sagt, das ist nicht das, Hubert, was ich gewollt habe.

Er fragt mich, warum er nicht sterben durfte.

Darf.

Wir Freunde versuchen, ihm manchen Wunsch zu erfüllen. Am Sonntag nach der Messe spielen Musikantenkollegen ihm altbekannte Stücke vor. Manchmal schieben wir ihn in seinem Rollstuhl in ein nahe gelegenes Gasthaus – für ein gemeinsamen Mittagessen.

Enge Vertraute bringen ihm oft seine Lieblingsspeisen, lesen ihm fast täglich Geschichten vor, streichen ihm zart über seine eingefallenen Wangen, halten einfach seine Hand.

Wir baten außerdem die Pflegerinnen, die ihm das Essen eingeben, ihm zu trinken geben, die ihn wechseln, waschen und anziehen, sein Bett im Zimmer so hinstellen zu dürfen, dass er zum Fenster hinausschauen kann. Auf Apfelbäume, Weinberge.

Den *einen* Wunsch aber kann ich ihm nicht erfüllen.

In Würde zu sterben. Glücklich, so wie er lange gelebt hat. Es nun nicht mehr tut.

So soll es sein

Wir saßen da, die Diagnose war ausgesprochen, es ging nun darum, ob das Kind leben sollte – oder nicht. Wir waren zu viert, wie beinahe immer. Mutter, Vater, die Gynäkologin, ich. Alltag in meinem Leben als Arzt und Neonatologe.

Das genetische Labor hatte uns die Befunde, wie immer, nach zehn Tagen zugeschickt. Wir hatten den Brief geöffnet, mein Blick war sofort dorthin gewandert, wo die entscheidende Information abgedruckt war, in einem Kästchen links unten: **47, XY, +21** – fett gedruckt unter einer trockenen, technischen Erklärung.

Die Diagnose war klar. *Trisomie 21.*

Downsyndrom.

Ein Kind mit Downsyndrom ein Leben lang zu begleiten, ist eine große Aufgabe, eine Herausforderung. Früher, auf den Höfen und in St. Peter in Villnöß, gab es keine Möglichkeit, vor der Geburt zu erkennen, ob ein Kind eine veränderte Chromosomenanzahl in sich trägt. Diese Kinder wurden geboren, doch sie lebten dann als *Deppelen* – ja, so wurden sie tituliert – kaum beachtet am äußersten Rande des sozialen Dorfgefüges und gesellschaftlichen Miteinanders.

Sie wurden mitgefüttert, sie saßen mit in der Schulklasse, doch niemand kümmerte sich um sie. Sie halfen bei der Feld- und Hofarbeit nicht mit. Sie verkümmerten in den Stuben. Ihr Leben dämmerte vor sich hin.

Sie wurden versteckt, man schämte sich auch für sie. Ähnlich wie ein zu früh verstorbenes Kind wurden auch sie als Strafe Gottes angesehen.

Ein Kind als Strafe.

Sie starben früh, oftmals trugen sie nicht erkannte, damals nicht behandelbare Herzfehler in sich. Kaum eines von ihnen wurde älter als dreißig, höchstens vierzig Jahre.

Sie wurden als Last angesehen.

»Arme Teufel« nannte man sie auch.

Schaffte man es nicht mehr, sie zu erhalten, wurden sie der Kirche übergeben, die sie irgendwo weitab des Tales, weitab der Eltern und Geschwister, in kalte Kinderheime steckte. Kalte Mauern, kalter Umgang. Herzlosigkeit.

Heute hat jede Frau ab dem fünfunddreißigsten Lebensjahr das Anrecht auf eine pränatale Diagnostik für die Risikobestimmung von eventuellen Chromosomenerkrankungen. Zum Glück.

Rund siebzig Prozent der Schwangeren nutzen diese vorgeburtlichen Untersuchungen. Ich legte zeit meiner ärztlichen Tätigkeit jedem Paar und jeder schwangeren Frau eine solche Diagnostik nahe. Nicht unbedingt, damit sie die Möglichkeit einer Abtreibung in Betracht ziehen konnten. Auch, ja. Aber insbesondere, damit sie – falls sie sich *für* das Kind entschieden – Zeit hatten, sich auf die immensen Herausforderungen, die ihnen in ihrem Leben bevorstanden, ausreichend vorbereiten zu können.

Nie in meiner Laufbahn als Neonatologe habe ich zu einer Abtreibung geraten – im Gegensatz jedoch auch nie dazu, das Kind in jedem Falle auszutragen. Diese Entscheidung obliegt alleine der Mutter, den Eltern. Sie ist, wie auch immer sie gefällt wird, eine gewaltige. Eine unumkehrbare, eine, die alles ändert, für immer.

Ich habe potenziellen Eltern stets nur eindringlich zu verstehen gegeben, dass ich sie bestens aufklären will und sie nach ihrer Entscheidung, wie immer sie auch ausfallen möge, bestmöglich unterstützen werde.

Die betreuende Gynäkologin rief die werdende Mutter an. Bat sie, zu einem Gespräch zusammen mit mir ins Krankenhaus zu kommen. Wie immer.

Sie kam. Mit ihrem Mann.

Meistens ahnen die Eltern schon etwas. Sie interpretieren jede Kleinigkeit. Sie sehen Blicke, Gesten, nehmen den Klang einer Stimme wahr.

Ich bin als Arzt kein Verstellungskünstler.

Wir teilten ihnen sofort den Befund mit.

Die meisten werdenden Mütter und Väter reagieren auf die Nachricht mit Sprachlosigkeit. Sie sind kaum imstande, einen klaren Gedanken zu fassen, sie weichen Blicken aus, drücken gegenseitig ihre Hände; ihr Leben ist von einer Sekunde auf die andere auf den Kopf gestellt. Es war dann meine Aufgabe, sie schnellstmöglich aus diesem Zustand der Starre zu holen.

Die Negativspirale zu unterbrechen, gegebene Möglichkeiten zu erörtern. Die Emotionen aufzufangen.

Ich sagte ihnen immer, sie sollten sich Zeit nehmen. Gerne erst auch in ein paar Tagen wiederkommen. Manche jedoch wollten sofort eine Entscheidung treffen, mit anderen vereinbarte ich ein neuerliches Gespräch. Jeder Mensch reagiert anders in Situationen, die sein Leben von Grund auf ändern.

Diese Mutter an diesem einen Tag, an den ich mich so oft erinnere, war anders. Es verschlug ihr nicht die Sprache, als ich ihr die Diagnose nannte. Sie wich meinem Blick nicht aus, ihr Gesicht erstarrte nicht. Sie lächelte und sagte leise und doch bestimmt nur ein paar Worte.

Sie sagte: So soll es sein.

Sie sagte es so ohne jegliche Angst, ohne jegliche Sorge, ohne jegliche Enttäuschung, so, als hätte ich ihr einfach nur das Geschlecht des Kindes mitgeteilt.

Sie sagte: Das ist mein Kind. Ich freue mich darauf. Ich habe es mir gewünscht. Das Kind kann nichts dafür. Ich möchte kein anderes.

Dann stand sie auf, ihr Mann auch, sie umarmten sich, danach reichten mir beide die Hand, drückten sie fest und dankten mir.

Wenn ich an solche Begegnungen denke, dann bin ich froh und stolz, mich für ein Leben als Arzt entschieden zu haben. Solche Erlebnisse tragen die innerste Essenz des Arzt-Seins in sich. Es sind unvergessliche Momente, so wie auch der Vorgang der Geburt an sich.

Schön. Unschuldig. Wahrhaftig.

Ärztinnen und Ärzte, Geburtshelferinnen und Geburtshelfer stehen assistierend zur Seite, greifen fachmännisch ein, wenn es zu Komplikationen kommt. Hat beispielsweise ein Frühchen bei oder nach der Geburt Probleme, sind die Lungen noch nicht ausgereift, muss es erst noch lebensnotwendige Kraft sammeln, um einwandfrei eigenständig atmen zu können, so wird es an Überwachungsmonitore gehängt, alle wichtigen Lebensfunktionen werden dabei rund um die Uhr überwacht. Das Kleine wird beobachtet und keine Sekunde aus den Augen gelassen.

Das ist gut so. Keine Frage. Das rettet Leben, Kinderleben. Das ist für uns Neonatologen und Kinderärzte eine der elementarsten Aufgaben. Das alles hat einen Sinn.

Und doch hat mich als Arzt immer wieder auch die Sorge umgetrieben, dass ein zu steter Blick auf Bildschirme, Zahlen, Balken und Kurven den Blick aufs Wesentliche verstellen kann.

Einmal habe ich diese Zweifel mehr denn je gespürt. Es war während einiger der prägendsten Tage meines Lebens.

Die Neonatologie-Station eines Hospitals ist ein recht beeindruckender, manchmal auch einschüchternder Ort. Ein Ort der krassen Gegensätze. Große Gefühle, Freude, Tränen, Kummer, Angst. Futuristisch anmutende Brutkästen. Viel Technik, Kabel, überall blinkt und piepst es, Bildschirme zeigen Lungen- und Herzfrequenzen, Kurven in verschiedenen Farben, beinahe wie an der Börse.

Die Frühchen-Station als Börse des Lebens.

Das alles geht mit einer großen Anspannung einher. Für die Neugeborenen. Auch für die Eltern, die bei jedem Blinken, bei jedem Piepsen eine mögliche Gefahr fürchten.

Als mein ältester Sohn Alex als großes Frühchen auf meiner eigenen Station lag, ging es mir und meiner Frau nicht anders. Plötzlich sah ich das alles, was ich sonst nur als Arzt wahrgenommen hatte, als frischgebackener Vater eines Kindes, das mit 1 200 Gramm zwölf Wochen vor dem geplanten Geburtstermin das Licht der Welt erblickt hatte.

Bereits vor der Geburt musste meine Frau Cristina einen Monat im Krankenhaus verbringen. Absolute Bettruhe. In der fünfundzwanzigsten Schwangerschaftswoche war frühzeitig die Fruchtblase geplatzt. Wir Ärzte initiierten die Lungenreife des Ungeborenen, in der Folge hofften wir, die Geburt hinauszögern zu können. Jeder weitere Tag im Mutterbauch erhöhte die Überlebenschance des Kleinen.

Als Alex schließlich auf die Welt kam, waren wir nach der langen Zeit der Angst und Sorgen einfach nur glücklich, dass er es geschafft hatte. Aber Cristina hielt es nach all den Wochen in der Station schon bald einfach nicht mehr aus. Sie wollte das Kind mit nach Hause nehmen. Es selbst betreuen, für Alex da sein.

Viele Frauen, die Frühchen zur Welt bringen, haben Schwierigkeiten, das Neugeborene voll und ganz als ihres anzuerkennen. Weil sie es nicht selbstständig betreuen können, weil so viele Ärzte und Pflegepersonal um sie herumschwirren, weil computerunterstützte Maschinen, Kurven, Diagramme, Töne ihnen mitteilten, wie es ihrem Kind geht. Ob es gut atmet oder nicht. Ob Herzfrequenz und Sauerstoffsättigung im Normbereich liegen oder nicht. Wie soll sich so ein Muttergefühl einstellen?

Die Eltern sind zuerst einmal nur dankbar. Für alles. Sie vertrauen den Ärztinnen und Ärzten sowie dem Pflegepersonal, der Technik. Doch sie merken auch von Tag eins an, dass irgendetwas zwischen ihnen und ihrem Kind steht.

Das ist für sie belastend. Sie möchten die vordergründige

Bezugsperson für ihr Kind sein, ihm Schutz und Sicherheit bieten, es nicht in den Inkubator zurücklegen und alleine lassen, wenn sie am Abend nach Hause gehen.

Eltern wissen instinktiv um die Wichtigkeit der emotionalen Bindung und wollen in die Betreuung ihrer Kleinen miteinbezogen werden.

Mir war das alles als Neonatologe über die Jahrzehnte hinweg immer klarer geworden, ich hatte immer wieder solche Beobachtungen gemacht, wir hatten bei internationalen Kongressen auch immer wieder über diese Problematiken diskutiert. Nach und nach haben wir versucht, die Eltern immer mehr in die entwicklungsfördernde Pflege einzubinden, ihnen von Tag eins an Verantwortung zu übergeben.

Wir wissen in der Zwischenzeit, dass die Geborgenheit und die Nähe der Eltern für die Frühchen genauso wichtig sind wie die ärztliche Versorgung, dass die Kleinen sich in ihrer Nähe besser und schneller entwickeln und weniger lang im Hospital bleiben müssen.

Ich kann nicht mehr, sagte Cristina eines Tages, ich will mit Alex nach Hause.

Ich schaute auf die Daten, Alex hatte nach wie vor mit Atempausen zu kämpfen, sogenannten *Apnoe*-Krisen, sowie mit der Sauerstoffsättigung. Er erholte sich jedoch Mal für Mal selbstständig wieder davon. Wir hatten in der Station soeben neue, kleine, tragbare Überwachungsgeräte zur Feststellung der Atemfrequenz, der Herzfrequenz und der Sauerstoffsättigung bekommen, sie jedoch noch nicht weiter ausprobiert. Sie waren eigentlich als Überwachungstool zur Vermeidung des plötzlichen Kindstods gedacht. Ich lieh mir eines davon aus, meldete meine Frau und meinen Sohn ab und fuhr sie nach Hause.

Ich hörte auf mein Kind, auf meine Frau, auf mein Bauchgefühl, nicht auf das Blinken, das Piepsen der Alarme. Ich weiß nicht, ob das gut war. Aber es fühlte sich in dem Moment richtig an.

Die erste Nacht schliefen wir kaum. Auch diese kleinen, neuen Geräte blinkten und piepsten bei der kleinsten Unregelmäßigkeit. Wieder und wieder fiel Alex' Sauerstoffsättigung kurz ab, aber jedes Mal, wie auch schon in den Tagen zuvor, erholte er sich selbstständig davon.

Er schafft das schon, sagte ich.

Lass uns das Gerät ausschalten, sagte meine Frau, als einige weitere Tage vergangen waren.

Jede Nacht: Piepsen, Blinken, Sorge, Schlaflosigkeit. Das sei doch absurd, so hätten wir auch im Krankenhaus bleiben können, fügte sie an.

Bald ließen die Atempausen tatsächlich nach, verschwanden ganz, und eines Nachts ließen wir Alex im eigenen Zimmer alleine im Bettchen schlafen.

Unser Wecker klingelte um sechs.

Wir hörten ihn nicht.

Um acht lagen wir beide wach da. Normalerweise waren wir da längst auf den Beinen, Alex längst gestillt, gewickelt, angekleidet. Normalerweise weckte er uns laut schreiend, wir nahmen ihn zu uns, kuschelten, er lachte.

An diesem Morgen: nichts. Kein Geräusch. Wir standen vor der Tür.

Geh du rein, nachschauen!, forderte ich, du bist die Mutter.

Was?, sagte meine Frau, du bist der Neonatologe. Du gehst!

Wir gingen zusammen, das Bettchen schien leer. Als wir die Decke hochhoben, sahen wir den Kleinen zuerst nicht, er hatte sich in der hintersten Ecke verkrochen, schaute uns mit großen Augen an. Er verstand wohl unsere panischen Gesichter nicht, unsere Sorge. Dann, endlich, lächelte er wieder. Kinder lachen, um Kontakt herzustellen. Ihr Lachen sagt: Alles ist gut.

Was für ein Schreckensmoment.

Wir möchten als Eltern solche Momente nicht erleben. Ein Kind ist das schönste Geschenk überhaupt, aber es zeigt auch die Durchlässigkeit der vermeintlich gefestigten Wagenburg auf, durch die wir unser Leben oft zu schützen versuchen. Wer lebt, versucht, emotionale Risiken zu vermeiden. Ein Kind macht eine ungeschützte Flanke auf. Es macht einen emotional angreifbar, unendlich verletzbar; Mutter und Vater können nichts dagegen tun. Nur hoffen. Dass nichts passiert. Und wenn doch etwas passiert – dass dann die moderne Medizin hilft. Irgendwie.

Ich verstehe das voll und ganz.

Früher, bei Hausgeburten im Tal, stand der Tod unausgesprochen mit im Zimmer. Der der Mutter, der des Kindes. Wir haben oft eine romantisierte Vorstellung davon, wie Kinder noch bis vor wenigen Jahrzehnten auf die Welt kamen –

oder eben nicht, weil sie und die Mutter oder beide den Kampf ums Überleben während der Geburt verloren.

Heute sind Geburten nur noch in den allerseltensten Ausnahmefällen gefährlich. Doch die Angst, das Allerwichtigste, Allerschönste, das man im Leben hat, nämlich das eigene Kind, zu verlieren, ist geblieben. Verständlicherweise.

So wird das Unerklärliche der Geburt, des Kindseins, des Heranwachsens, mehr und mehr flankiert von Kontrolle, von Technologie. Das Auf-die-Welt-Kommen, das Großwerden wird reguliert, schematisiert, kategorisiert. Die Kraft der Natur, die schöpfende und die zerstörende, wird versucht, in geordnete Bahnen zu lenken. Das schützt, hilft, das rettet Leben, verbessert Lebensqualität.

Nimmt aber in gewisser Weise auch das Urvertrauen. Und bewirkt, dass wir uns abhängig fühlen von den Dingen, die uns kontrollieren. Dieses Urvertrauen müssten wir heute wieder zurückerlangen – für mehr Lebensqualität. Auch für das Gefühl, selbstverantwortlich zu leben.

Wir stecken unser aller Hoffnung in neueste Technologien und Möglichkeiten, gleichzeitig fürchten wir uns davor. Wir kommen nicht umhin, uns damit zu beschäftigen, wo rasante medizinische Entwicklungen eines Tages hinführen könnten. Was sie aus uns Menschen, Ärzten und Patienten, machen. Ich habe mich stets damit beschäftigt. In der Pädiatrie, in der Kinder-Onkologie, in der Neonatologie. Aber auch darüber hinaus.

Medizinischer Fortschritt hat viele gute Seite. Dem Physiologen der *University of Cambridge*, Robert Edwards, und dem

Gynäkologen Patrick Steptoe gelang 1969 die erste sogenannte In-vitro-Fertilisation (IVF) einer menschlichen Eizelle.

Louise Brown war das erste Baby der Welt, das durch IVF gezeugt worden war. Am 25. Juli 1978 um 11.47 Uhr kam sie im *Oldham General Hospital* in Manchester durch einen Kaiserschnitt zur Welt. Schreiend.

Superbaby.

Reagenzglasbaby.

Retortenbaby.

Das schrieben die Zeitungen.

Die Reaktionen gingen weit auseinander. Der Vatikan schimpfte. Robert Edwards aber erhielt 2010 den Nobelpreis für Medizin.

Seit Louise Brown sind rund acht Millionen Babys auf diese künstliche Weise zur Welt gekommen.

Das ist gut. Das gibt Eltern Hoffnung, bei denen die Schwangerschaft auf natürliche Weise nicht klappen will.

Medizinischer Fortschritt hat jedoch auch eine bedenkenswerte Schattenseite.

Ich beobachtete im Laufe meines Arztseins ebenso: Je mehr wir eingreifen, beherrschen, kontrollieren, desto weniger wollen wir akzeptieren, dass die Natur nicht bis ins Letzte beherrschbar und kontrollierbar ist. Mehr und mehr verfallen wir dem irren Gedanken, *perfekte* Kinder in einem *perfekten* Umfeld heranziehen zu können. Doch das Leben ist eben kein Wunschkonzert, Kinder sind es ebenso wenig. Nicht alles ist möglich, sollte es auch nicht sein.

Das müssen wir bei allem Eifer, bei allem Drängen, verstehen. Und akzeptieren. Sonst riskieren wir, dass Kinder zu Ware werden. Und rasen auf den Abgrund einer Geburten-Dystopie zu.

Kinderwunsch auf Bestellung, daran arbeiten Forschung und Wirtschaft bereits seit Längerem exzessiv und Hand in Hand: Spermien, Eizellen oder gar Embryonen werden in Gefrierschränken gelagert, um eingepflanzt zu werden, wann immer es gerade passt – das Geschlecht kann natürlich gewählt werden.

Das Kind als perfektes Accessoire.

Das entschlüsselte Genom verrät Augenfarben, aber auch Krankheiten und Krankheitsrisiken.

Weiblich, blaue Augen. Mögliche Demenz im Alter? Risiko bei 69 Prozent. Ach, ist uns zu riskant. Dann nehmen wir doch lieber den anderen Embryo, grüne Augen, ebenso weiblich, mit der möglichen Parkinson-Erkrankung ab dem fünfundsechzigsten Lebensjahr, allerdings nur mit der geringeren Wahrscheinlichkeit von 51 Prozent.

Ein Blick in unsere unmittelbare Zukunft? Wo ist die Grenze zwischen Medizin, die zu helfen, und der, die perverse Wünsche zu erfüllen versucht? Wie krank ist zu krank?

Ich habe auf diese Frage keine Antwort. Nur weitere verzweifelte Gegenfragen, die uns zum Nachdenken anregen sollten: Wie gesund ist nicht mehr gesund?

Ich frage mich: Was passiert mit der Gesellschaft, wenn wir alle makellos sind?

Ich glaube, dann geht jegliche Solidarität zwischen uns verloren. Dann gibt es nur noch stark. Und noch stärker.

Was schwach erschien und mit unserer Hilfe doch stark hätte werden können, ist längst aussortiert.

Bei meinen Reisen nach China habe ich diese Produktwerdung von Kindern im Extrem erlebt: Babys, die dort beispielsweise als Frühchen nicht mit dem richtigen Geschlecht – dem männlichen nämlich! – zur Welt kommen, werden von den Eltern kaum angenommen. Kühl sprechen Vater und Mutter zu den Ärzten, so als seien sie mit dem Auto nicht zufrieden, das sie soeben erstanden haben.

Sie lassen das Neugeborene – das oft ums Leben ringt, Zuneigung, Mutterwärme und Vaterliebe bräuchte – auf der Station zurück, besuchen es nicht. Sie bitten den Arzt, sich zu melden, wenn das Kind *fertig* ist. Solch emotionale Distanz ließ mich immer wieder sprachlos und verwirrt zurück.

Mit Medizin im eigentlichen Sinne hat das nichts mehr zu tun. Mit dem Zauber des Kinderbekommens ebenso wenig.

Eines ist wichtig: Wir müssen uns heute ethisch mit Fragen auseinandersetzen, mit denen uns der technische Fortschritt der Medizin vielleicht schon in fünf Jahren konfrontieren wird.

Wir können die Weiterentwicklung der Technik wohl nicht aufhalten. Vielleicht sollten wir das auch gar nicht versuchen. Was also wollen wir tun?

Wir müssen *Ja* sagen zu medizinisch-technischen Errungenschaften. Sie aber mit Intelligenz und vor allem Menschlichkeit nutzen.

Derzeit wird alle Forschung in die mögliche noch frühere und noch detailreichere Erkennung von Krankheiten gesetzt, die das noch Ungeborene in sich tragen könnte. Ich frage mich: Warum investieren wir nicht gleichzeitig viel mehr Energie, um Kinder, die mit einem Defekt, mit einer Benachteiligung auf die Welt kommen, medizinisch, psychologisch, integrativ besser zu versorgen, ihre Eltern intensiver zu begleiten und diesen damit die Entscheidung zu erleichtern, den Weg des Lebens gemeinsam mit ihrem Kind zu gehen? Wir müssen den Fokus ändern, die Zielsetzung, hin zur Frage: Wie können wir diese Krankheiten besser behandeln? Wie können wir den Kindern und Eltern ein lebenswerteres Leben ermöglichen?

Denn wenn die Bedingungen für ein Leben mit einem beeinträchtigten Kind entschieden verbessert würden, wäre die Entscheidung für oder gegen das Kind eine wesentlich freiere als heute.

Manchmal ängstigt mich das alles. Die Ausgeburt des medizinischen Fortschritts – und was damit gemacht wird. Die mangelnde Wertschätzung gegenüber dem Wunder der Geburt, des Lebens. Die Ablehnung von allem vermeintlich nicht Perfekten, die Panik vor Krankheit, Fehlern, nicht der Norm Entsprechendem.

Wir sprechen von Kindern! Dem Wundervollsten, was wir haben.

In solchen Momenten denke ich an die ersten gemeinsamen Tage und Woche mit meiner Frau – und Alex. An seine Zerbrechlichkeit, an seine Stärke, an unsere Unsicherheit, an unsere flehende Hoffnung, dass alles gut werden würde. Irgendwie. Und ich denke an Silvy, so soll das Mädchen mit dem Downsyndrom hier heißen, dessen Mutter mir dereinst gesagt hatte: Das ist mein Kind. So soll es sein.

Ich denke an Silvy. Und ihre Mutter. Und ihre Familie. Ihre Geschichte berührt mich bis heute.

Silvys Mutter baute bereits während der Schwangerschaft eine von mir nie zuvor gesehene enge emotionale Bindung zu ihrer Tochter auf. Silvys Vater, ihre zwei älteren Brüder und ihre ältere Schwester nahmen sie nach der Geburt sofort als vollwertiges neues Familienmitglied auf. Sie hatten sich ungemein intensiv darauf vorbereitet, auf die Schwierigkeiten und besonderen Umstände.

Ich hatte das große Glück, Silvy bis zu ihrem achtzehnten Lebensjahr medizinisch betreuen zu dürfen. Ein paarmal sollte ich sie an einen anderen Arzt übergeben, doch sie weigerte sich strikt dagegen.

Sie sagte jedes Mal: Hubert, du bist mein Doktor, kein anderer.

Ich bin froh, dass mittlerweile immer mehr werdende Mütter und Väter sich dafür entscheiden, Kinder mit Downsyndrom durchs Leben zu begleiten. Das gibt mir Mut. Und Hoffnung. Dass ein Großteil der Menschen, neben all dem egomanischen Unsinn, der vielerorts medizinisch befriedigt wird, am Ende doch die Menschlichkeit bewahrt. Neu erblühen lässt.

Kinder mit Benachteiligungen wie dem Downsyndrom werden heute von vielen, den meisten, nicht mehr als *krank* gesehen, nicht versteckt, nicht einfach irgendwie durchs Leben bugsiert.

Viele haben verstanden, dass diese Kinder uns mit ihrer

Lebensfreude bereichern, mit ihrer Kraft, ihrem Willen, das Leben, mit all ihren Benachteiligungen, anzunehmen.

Herzkrankheiten und viele der zahlreichen Komplikationen bei *Trisomie-21*-Patientinnen und -Patienten können mittlerweile um ein Vielfaches besser behandelt werden. Dank des medizinischen Fortschritts, der so sehr nötig und wünschenswert ist. Auch die Inklusion dieser Kinder in unsere Gesellschaft, in die Schule und in die Arbeitswelt gibt ihnen die Kraft, ihren Alltag selbstbestimmter zu bewältigen und rund zwanzig Jahre länger zu leben, als dies noch vor ein, zwei Generationen möglich war.

Ein Kind will nur geliebt werden, sonst nichts.

Mehr Sinn gibt es nicht im Leben, als ein Kind auf die Welt zu bringen, es großzuziehen, es zu lieben.

Noch heute bin ich mit Silvys Familie befreundet. Silvy lebt mehr oder weniger selbstständig. Sie arbeitet in einer Bar in Bozen, fährt mit dem Bus von ihrem Heimatdorf hin und zurück. Immer wenn ich in der Nähe bin, trinke ich einen Macchiato bei ihr. Es gab noch keine Begegnung, bei der ich sie nicht habe lächeln sehen.

Ich bin so stolz auf sie. Silvy ist ein zufriedener Mensch. Sie hat selbstbestimmt ihren Weg gefunden.

Gute Ärzte braucht die Welt

Es waren die Jahre vor der Pandemie – und doch kommt es mir so vor, als wäre bereits ein ganzes Leben vergangen. Ich saß in meinem Büro im Krankenhaus von Bozen, grübelte und grübelte und kam doch zu keinem Ergebnis. Eine Entscheidung musste her, es wurmte mich, dass ich so unentschlossen war. So war ich sonst doch nicht.

Ich schaute durch den Türspalt hinaus, wo der ganz normale Krankenhauswahnsinn tobte. Wie ich das liebte, geliebt hatte, mein halbes Leben lang. Ich hatte beruflich mehr erreicht, als ich je zu träumen gewagt hatte. Ich hatte immer einfach nur Arzt sein wollen, Menschen helfen, meinem eigenen Dasein dadurch Sinn verleihen. Ich hatte die unglaubliche Chance gehabt, in der Neonatologie zu arbeiten, ein Bereich, der gemeinsam mit mir selbst als junger Arzt herangewachsen war. Erst war er nur Teil der Pädiatrie, aber schon bald vernetzten sich die Neonatologen weltweit, tauschten sich aus, verzeichneten immer mehr Erfolge bei der Rettung von Frühchen.

Als ich im Jahr 1980 anfing, hatten Frühchen, die vor der achtundzwanzigsten Schwangerschaftswoche zur Welt kamen, kaum eine Chance. Heute helfen wir Frühchen in der dreiundzwanzigsten Woche im Normalfall ins Leben.

Ich liebte es, diese Kleinsten der Kleinen zu betreuen, es gab mir selbst so viel Kraft zu sehen, wie viel dieser Kraft sie, die vermeintlich Schwächsten, bereits in sich trugen.

Als ich so dasaß und die Geräusche meines Berufslebens, die Schritte auf den Fluren, das Piepsen der Monitore und Beatmungsgeräte, Gesprächsfetzen hörte, fiel mein Blick auf meinen Schreibtisch, wo sich Unterlagen stapelten. Ich schaute auf den Desktop meines Computers. Einhundertvierunddreißig ungelesene Mails.

Ich schnappte meine Jacke, verließ das Krankenhaus, fuhr hinaus nach Montiggl, in das Naherholungsgebiet bei Bozen, in dessen Nähe ich wohne. Ich joggte zum größeren der beiden Seen, dann zum kleinen. Dort setzte ich mich auf einen Stein und schaute auf das schwarze Wasser hinaus, in dem sich das Grün des umliegenden Waldes spiegelte.

Ich musste mich entscheiden, ob ich in Pension gehen wollte – oder noch ein paar Jahre weitermachen würde. Ich musste mir eingestehen, dass mir die Arbeit so, wie sie sich in den vergangenen Jahren entwickelt hatte, keinen Spaß mehr bereitete. Dass mich das alles auslaugte, unzufrieden machte: die ausufernde Bürokratie, die Dokumentationszwänge, die Arbeitsbelastung, die Ökonomisierung der Medizin. Der Druck des Generaldirektors, mir neue Aufgaben sanitätspolitischer Art übergeben zu müssen und mir dadurch das eigentliche Arztsein zu nehmen.

Ein unzufriedener Arzt hat in einem Hospital nichts verloren.

Ich überlegte, was mein Leben mit neuem Sinn füllen könnte.

Abends, bei einem guten Glas Lagrein mit meiner Frau, beschlossen wir beide, dass nach vierzig Jahren als praktizierender Arzt Schluss sein sollte.

Ich bereue die Entscheidung bis heute nicht. Bis auf eine kurze Rückkehr während der Corona-Notlage suchte ich

Erfüllung in anderen Bereichen der Medizin – und des Lebens.

Ich beschloss, sommers auf dem Bergbauernhof mitzuhelfen.

Meine Frau und ich entschieden uns darüber hinaus, bei der lokalen Organisation *Essen auf Rädern* mitzumachen. Wir bringen seitdem gemeinsam ab und an alten Menschen im Dorf, die nicht mehr mobil sind, das Mittagessen nach Hause. Wir setzen uns zu ihnen, helfen ihnen, wenn es nötig ist. Wir hören zu, reden, schweigen. Oft braucht es nicht mehr, um jemanden zum Lächeln zu bringen.

Da sind ältere Menschen nicht anders als Kinder. In solchen Momenten spüre ich, wie sehr mir das als Arzt in den vergangenen Jahren gefehlt hatte. Die Zeit für die, um die sich mein Leben eigentlich drehen sollte. Und wie wichtig dies scheinbar Unwichtige doch ist.

Zeit haben fördert das Vertrauen, die Lebensqualität, aber ebenso eigenverantwortliches Handeln, auch im Sinne der eigenen Gesundheit. Zeit für Gespräche fördert die Resilienz unserer kleinen und großen Patienten. Gemeint ist die Fähigkeit, mit Krankheiten, schwierigen Situationen, Rückschlägen umzugehen und am Ende sogar gestärkt daraus hervorzugehen.

Unser Gesundheitssystem muss uns wieder mehr Zeit für unsere Patientinnen und Patienten zugestehen, besonders unseren jungen Ärztinnen und Ärzten, die Sinn in ihrem Tun suchen. Wir müssen sie von Bürokratie befreien, von Dokumentationszwängen, ökonomischem Druck. Wir müssen

ihnen wieder Zeit geben, beim Patienten zu sitzen, ihm zu-
zuhören, ihm das Gefühl zu geben, für ihn da zu sein.

Damals, an jenem Abend mit meiner Frau, beschloss ich,
mich weiterhin einzumischen, wenn es um ärztliche Themen
ging. In Südtirol. Aber auch weltweit. Ich hatte eine Anfrage
erhalten, an dem bereits erwähnten deutsch-chinesischen
Projekt zur Verbesserung der neonatalen Versorgung in
China gemeinsam mit anderen Neonatologen aus Deutschland teilzunehmen. Ein Wissenstransfer.

Der chinesische Arzt, Chen Lu, der mir später zum Freund
wurde, war unser Ansprechpartner vor Ort.

Verschiedene Millionenstädte in je zwei Wochen. Shanghai, Chongqing, Changsha, Fuzhou.

Ich fand das spannend, sagte gerne zu. Ich selbst sollte
mich vor allem um den Bereich der maschinellen Beatmung
und der Lungenmechanik kümmern – auch um den Neu-
geborenentransport, mein Spezialgebiet.

Ich bereitete mich vor, mehrere Wochen lang, vormittags,
nachmittags – mittags fuhr ich mit meiner Frau das Essen
für die Alten aus. Dann kam der erste Sommer, den ich auf
dem Bergbauernhof aushalf. Schließlich, im Oktober 2018,
flog ich los.

In Shanghai gelandet, kam es mir so vor, als sei ich nicht
in ein Flugzeug von *China Air*, sondern in eine Zeitmaschine
gestiegen. Ein Wagen brachte uns europäische Ärzte ins *Me-
dical College* der renommierten *Fudan*-Universität. Dort war
inmitten der Stadt ein riesiges Simulationszentrum für Neonatologie errichtet worden. In Trainingszimmern wurde an
verschiedenen hochtechnologischen Frühgeburtenpuppen

das Legen vaskulärer Zugänge geübt, neue Methoden der *Surfactant*-Verabreichung, an einem Lungensimulator verschiedene Beatmungsvarianten.

Ich verstand sofort, dass wir in Sachen Ausstattung und technischem Equipment keine Ratschläge geben brauchten. Aber wo dann?

Am zweiten Tag nach der Anreise hielt ich meinen ersten Vortrag. In einem gerammelt vollen Saal. Ich hatte mir vorgenommen, über die Grundlagen der Lungenmechanik, über die Wechselwirkungen zwischen Patient und Beatmungsgerät, über Lungenfunktion im Rahmen der verschiedenen Krankheitsverläufe und die Anpassung der Beatmung an die Bedürfnisse des einzelnen kleinen Patienten zu referieren.

Ich sprach etwa eine gute Stunde lang. Als ich endete, applaudierte der Saal. Dann war es still. Ich fragte in die gefüllten Reihen hinein, ob es Anmerkungen gebe.

Nichts.

Ich erörterte, ob es vielleicht Punkte gebe, die man diskutieren wolle.

Kein Wort.

Die meisten der jungen Ärzte und Ärztinnen schauten bedrückt zu Boden.

Etwas verwirrt verließ ich die Bühne, man brachte mich in mein Hotel. Bedrückt schaute ich abends aus dem Fenster auf das Lichtermeer der Millionenstadt.

Mein Vortrag war wohl nicht gut genug, sagte ich mir.

Wahrscheinlich wissen die das alles schon.

Ich bin anscheinend ein alter Mann, der sich überschätzt.

Bald ging es weiter in eine andere Stadt, an eine andere Universität.

Ich hielt Vortrag für Vortrag – immer wieder erntete ich Schweigen, peinliche Stille als Reaktion. Doch ich merkte alsbald, dass jeweils nach dem offiziellen Programm, als wir gemeinsam noch eine Kleinigkeit essen gingen, sich der eine oder die andere doch leise, flüsternd beinahe, zu Wort meldete, Passagen des Vortrags lobte und Fragen stellte.

Ich konsultierte Chen Lu, mit dem ich mich zunehmend gut verstand, bat ihn um Rat.

Er sagte mir, Hubert, es ist hier in China nicht üblich, dass junge Ärzte älteren Ärzten Fragen stellen.

Warum nicht?

Aus Respekt, sagte er. Jede Wortmeldung könnte auch als Kritik des Geäußerten verstanden werden. Als Affront.

Ich verstand, ohne dass er zu explizit werden musste, was ihn sicher in Bedrängnis gebracht hätte: Autoritäten stellte man in einem autoritären Regime nicht infrage.

Wenn hier in den Stationen der Chefarzt sprach, hatte der Rest zu schweigen.

Wenn ein chinesischer Medizinprofessor sprach, durften keine Anmerkungen gemacht werden.

Das Gesagte musste als *Wahrheit* angenommen werden.

Ich tauschte mich mit meinen Kolleginnen und Kollegen aus. Wir fuhren mit unserem Programm etwas ratlos fort. Einmal pro Woche, in jeder Stadt, versuchten wir, den chinesischen Kollegen und Kolleginnen auch nahezubringen, wie wir Gespräche mit den Eltern führen, sie aufklären, wie wir versuchen, sie in unsere Arbeit mit ihren Kindern einzubeziehen. Ich merkte, dass wir größtenteils auf völliges Unverständnis stießen.

Da saßen alles junge Menschen, die zur Nachwuchs-elite der chinesischen Ärzteschaft gehörten. Doch es schien ihnen an jeglicher Empathie zu fehlen. Der Patient war für sie wie ein Gegenstand, der repariert werden musste. Es gab keinerlei emotionale Bindung, mehr noch, sie war auch gar nicht erwünscht.

Wenn ihnen ein Patient verstarb, dann zeigten sie sich er-schüttert. Aber lediglich, weil sie glaubten, einen Fehler ge-macht, versagt zu haben. Nicht aufgrund des Verlustes eines Menschenlebens.

Ich begann, mich zu fragen, was die chinesischen Kollegen abseits von Behandlungsmethodik *tatsächlich* von mir ler-nen konnten. Und ebenso, was wir wiederum von dort als Erfahrung mit nach Hause nehmen könnten.

Die Chinesen hatten die gesamte Kommunikation digi-talisiert, während wir uns in Südtirol noch mit Fax und Papierbergen herumschlugen. Sie sind technisch unglaub-lich versiert, der Staat steckt viel Geld in die medizinische Grundausstattung, die Ärztinnen und Ärzte hantieren mit den neuesten westlichen und chinesischen Geräten und ver-fügen über exzellente Inkubatoren, Infusionspumpen und Monitorsysteme.

Das zu sehen, war durchaus beeindruckend – auch wenn ich meist das Gefühl hatte, dass es dabei nicht nur darum ging, dem jeweiligen kleinen Patienten zu helfen, sondern gleichzeitig die Volksrepublik mit guten medizinischen Ver-sorgungsdaten und beeindruckender Statistik global gut dastehen zu lassen.

Schaut, es ist nicht der Einzelne, der zählt, sondern das Kollektiv!

Die Krankenhäuser wirkten wie aus dem Katalog. Nur: Es fehlte ihnen in meinen Augen die Seele.

Die Frühchen? Lagen in Inkubatoren in riesigen Räumen eng beieinander, fast übereinander, abgedeckt mit Tüchern; um sie herum ein heilloses Durcheinander an Beatmungsgeräten und Monitoren.

Ganz anders hatte ich das einige Zeit davor in Toronto erlebt, im *Hospital for Sick Children*, wo ich als junger Arzt schon einmal gearbeitet hatte und nach vielen Jahren auf eine Stippvisite vorbeikam, um die Kolleginnen und Kollegen von damals wiederzusehen.

Es war im Juni 2017. Ich erinnere mich noch, wie ich auf die Adresse schaute, dann wieder zum Taxifahrer. Unsicher, ob er mich wirklich an den richtigen Ort gebracht hatte. Er ließ mich an der Elizabeth Street aussteigen.

Früher war das *SickKids*, das weltweit führend in der pädiatrischen und neonatologischen Versorgung ist, in einem großen, etwas veralteten Backsteinhaus an der University Avenue untergebracht. Nun stand ich vor einem futuristischen Turm aus Glas und Stahl, den ich auf den ersten Blick als architektonisch durchaus gelungenes Einkaufszentrum eingestuft hätte.

Ich stieg aus, lief ins Innere, in ein großes, nach oben von einer Glaskuppel abgedecktes Atrium. Vorbei an Cafés, Restaurants, Friseurläden, einem Kindergarten, einem Einkaufszentrum. In Ruhe-Oasen mit gemütlichen Sitzlandschaften wuchsen Platanen in die Höhe.

Dort saßen Eltern mit ihren kranken Kindern im Sushi-Lokal neben den Geschäftsmännern in Anzug und Krawatte. Ein Wohlfühlort.

Gesund? Nicht gesund? Das machte keinen Unterschied. Lächelnde Ärzte. Zufrieden blickende kleine Patienten. Gespräche über den Therapievorgang bei einem Stück Kuchen und einem Smoothie. Aufzüge führten in die höher gelegenen Abteilungen und Intensivstationen – mit einem Ausblick über *Downtown*. In den Fluren hing Kunst.

Tief beeindruckt kehrte ich nach Südtirol zurück, mit der festen Überzeugung, dass wir unsere Sanitätseinrichtungen, wie wir sie heute kennen, vollkommen überdenken sollten. Auch, wie wir mit dem Kranksein in unserer Gesellschaft umgehen. Wir sollten Hospitäler auf das Wesentliche reduzieren: auf Orte, in denen nur akute gesundheitliche Probleme behandelt werden, in denen auf höchstem Niveau und intensivmedizinisch betreut wird.

Für alles Weitere wäre es wichtig, einen Wandel einzuleiten, hin zu einem abgestuften Betreuungssystem und zu einer wohnortnahen Betreuung in eingebundenen Übergangsstrukturen.

Wir sollten die Kranken nicht weiter in große Einrichtungen an den Rand der Städte verbannen, wo sie abgeschottet unter lauter weiteren Kranken noch kränker werden. Kranke müssen inmitten der Gesellschaft gesunden. Einfach, weil das dort besser und schneller vonstattengeht. Weil es den Menschen viel mehr bringt. Und dadurch letztendlich – finanziell betrachtet – auch dem Gesundheitssystem.

Wir müssen den rein technischen Fortschritt, die Digitalisierung, die uns die Chinesen vor Augen führen, mit einem menschlicheren Umgang mit den Patienten verbinden, so wie ich es in Kanada erlebt habe.

Über Generationen haben wir uns vom eigentlichen Arztsein entfernt. So manchem Mediziner – und das sind nicht wenige – ist das dumme geflügelte Wort vom *Gott in Weiß* zu Kopf gestiegen. Viele Ärztinnen und Ärzte fielen dem Zynismus anheim – aus Überforderung und aus Frust darüber, in einem dem nie enden wollenden Sparzwang unterworfenen Hamsterrad der ausufernden Bürokratie auf der Stelle zu treten. Aber wohl auch aus Angst, von neuen Technologien, künstlicher Intelligenz (KI) und der Digitalisierung überrannt zu werden.

Dabei bringt uns diese Angst kein bisschen weiter. Wir sollten medizinische, technische und organisatorische Entwicklung, die nicht aufzuhalten ist, vielmehr annehmen und proaktiv zum Besten nutzen. Für das Wohl der Patienten – klar. Aber auch als Chance für uns Ärzte.

Telemedizin etwa macht den Weg zum Arzt oftmals überflüssig, verringert Wartezeiten – Erstkontrollen bei Hautproblematiken beispielsweise können via Foto- oder Videoversand erfolgen. Die Smartwatch revolutioniert das lebensnotwendige Kontrollsystem bei Diabetes und bei Herzrhythmusstörungen. Und das ist erst der Anfang. Im kalifornischen Silicon Valley ist die Neuerfindung der medizinischen Betreuung *the next big thing.*

Die KI kann uns helfen, Diagnosen und Screenings schneller zu erarbeiten, auch neue Medikamente zu entwickeln. Sie beschleunigt und befördert damit Präventionsarbeit, sie optimiert die Organisation der Sanitätsstruktur, das Operationsmanagement, kurz: Sie unterstützt uns Mediziner in der täglichen Arbeit.

Sie nimmt uns, wenn wir sie richtig einsetzen, viel Arbeit

ab, die uns in den vergangenen Jahrzehnten von unserer eigentlichen Aufgabe weggeführt hat: dem Dasein für den Patienten, dem Zuhören.

Der wichtigste Baustein für eine bessere Zukunft des Arztberufs ist in erster Linie: die Zeit für Patienten. Ohne Zeit keine Vertrauensbildung.

An meinem eigenen Krankenhaus in Bozen habe ich beobachtet, dass viele Patienten den ganzen Tag sehnsüchtig auf den Besuch der Ärztin oder des Arztes warten, in einem Gefühlsmix voller Angst und Hoffnung. Und ich merkte: Mit dem Patienten verbrachte Zeit und Worte können oftmals die gleich Wirkung haben wie ein Medikament. Ja, davon bin ich fest überzeugt. Natürlich kann ein Gespräch keinen Krebs heilen, aber es kann Schmerzen lindern und Hoffnung geben. Das stärkt – und kann als nicht unwesentlicher Bestandteil einer erfolgreichen und beschleunigten Therapie angesehen werden.

Sprechen und zuhören. Dem kranken Menschen das Gefühl geben, dass für diese Minuten, diese halbe Stunde, nur er zählt. Ihm zeigen: Ich habe keine Eile. Du nervst mich nicht mit deiner Krankheit, mit deiner Angst, deinen Sorgen, deinem Zweifel, deinen Fragen. Ich bin nur deinetwegen hier.

Schließlich bin ich ja Arzt. Genau deshalb.

Es geht ebenso nicht immer darum, einem Patienten – koste es, was es wolle – Lebenszeit zu schenken, sondern vielmehr Lebensqualität. Würde. Wir müssen uns die Zeit nehmen, auch Sterbenden unsere kostbare Zeit zu schenken.

Weil sie, die Sterbenden, kostbar sind.

Haben wir diese Zeit zurückerobert, sollten wir an einem neuen Ärztebild arbeiten. Jenes der Götter in Weiß bröckelt schon lange.

Zum Glück.

Inzwischen sind die Patienten wesentlich selbstbewusster geworden, sie sind informierter, fordernder. Ungefähr neunzig Prozent aller Patientinnen und Patienten informieren sich im Internet über ihren Gesundheitszustand.

Das ist gut so. Wir sollten das als Gewinn erkennen.

Der Patient ist mündig geworden.

Unsere Rolle als Arzt ist die des Experten, des medizinischen *Gatekeepers*, der das Wissen aus dem Netz auch kritisch hinterfragen muss, der den Patienten vor falschen Informationen schützt, ihm die nötige Kompetenz vermittelt, mit Gesundheitsinformationen umzugehen, und der mit ihm gemeinsam über Schritte hin zur Heilung diskutiert. Der, sein Vertrauen gewinnend, ihm zur Seite steht.

Jeder Patient ist eine Respektsperson – die Beziehung zwischen ihm und dem Arzt ist die Grundlage für das gegenseitige Vertrauen, für die gegenseitige Wertschätzung. Für jeglichen Heilungsprozess.

Deshalb bin ich der Meinung, dass diesbezüglich schon im Studium umgedacht werden muss. Weg vom bloßen medizinischen Fachwissen! Die Studentinnen und Studenten sollten moralphilosophisch unterrichtet werden. Ihre *soft skills* sollten weiter in den Mittelpunkt rücken. Sie müssen soziale Kompetenz aufweisen: Empathie, Durchhaltevermögen, Konfliktmanagement, Fähigkeiten in Seelsorge im wahrsten Sinne des Wortes. Sie müssen Menschen mögen.

Die Zeit muss vorbei sein, in der ausschließlich Klassenbeste die alleinige Chance haben, den Beruf des Arztes zu erlangen. Zumal die Halbwertszeit von medizinischem Wissen in der heutigen rasanten Entwicklung sich eh auf einen minimalen Zeitraum reduziert.

Für Menschlichkeit hingegen gibt es keine Halbwertszeit.

Perfekt operieren? Das können Maschinen bald ganz sicher besser als wir.

Anderes jedoch werden sie nie so gut können.

Mensch sein. Auch und besonders als Arzt.

Der Arzt darf sich nicht vor dem Patienten verstecken, nicht hinter den Maschinen, nicht in seinem Büro, nicht hinter dem Computer, nicht hinter maschinell erstellten Diagnosen. Er muss den Patienten suchen, dessen Nähe, ihn beobachten, ihn berühren, physisch und emotional. Eine Hand auf einer Schulter, ein Lächeln.

Im Italienischen spricht man vom Unterschied zwischen *fare il medico* und *essere medico*. Abgewandelt mit dem Soziologen Max Weber gesagt: den Arztberuf *ausüben* oder *Arzt sein* mit allem Einsatz, in jedem Moment des Lebens.

Drei Mal war ich inzwischen in China. Das war vor Corona. Millionenstädte. Vorträge vor den jungen Kolleginnen und Kollegen. Ich begann, sie zu ermutigen, mir selbst Fragen zu stellen, mir zu widersprechen. Während der Vorträge und auch danach.

Ich erntete stets nur ein freundliches Lächeln.

Ich sagte, dass es wahnsinnig wichtig sei, sich auf Augenhöhe auszutauschen, dass wir, wenn wir als Ärzte keine Fragen stellten, nicht ständig alles infrage stellten, keine Chance hätten.

Ich versuchte, den jungen Menschen zu vermitteln, dass mein Wissensschatz nicht unbedingt größer war als ihrer, nur anders gelagert vielleicht. Von mehr Erfahrung geprägt.

Ich sagte: Ohne Austausch kein Kenntnisgewinn.

Und: Fragen heißt Zweifeln. Zweifel ist gut.

Ich sagte ihnen auch: Seid keine Arzt-Maschinen!

Zunächst war da manchmal ein verhaltenes Nicken, beinahe unmerklich. Dann – ich erinnere mich noch genau, es war an meinem zweiten Aufenthalt an der *Fudan*-Universität in Shanghai – hob eine junge Ärztin, nachdem ich mit meinen Ausführungen geendet hatte, zaghaft die Hand. Alle drehten sich zu ihr hin. Sie sprach mit zitternder Stimme. Gutes Englisch.

Sie stellte mir einige Fachfragen zur Methodik der mechanischen Beatmung, sie habe da das eine und andere Detail bei ihren Studienaufenthalten in Kanada anders in Erinnerung.

Ich antwortete ihr. Sachlich, ruhig.

Ein Raunen ging durch den Saal. Das hatte wohl niemand erwartet.

Und dann geschah das, womit ich schon nicht mehr gerechnet hatte.

Es hoben sich weitere Arme. Weitere Fragen wurden gestellt. Es platzte aus vielen geradezu heraus.

Abends stand ich glücklich im Hotelzimmer. Schaute auf die bunt glitzernden beleuchteten Glaswolkenkratzer.

Mir war nun klar, dass sich meine Reisen nach China gelohnt hatten. Nicht nur wegen meiner Kenntnisse in der assistierten Beatmung und der Lungenmechanik.

Vielleicht war es das keimende Selbstvertrauen, das ich in den Menschen, denen ich begegnete, erkennen konnte. Der Anreiz einer wissenschaftlichen Diskussion, der sie aus ihrer vorsichtigen Haltung hervorlockte. Das geforderte und geförderte Bewusstsein, einander auf Augenhöhe zu begegnen. Und die plötzlich verminderte Angst vor autoritären Kollegen und dem autoritären System.

All das freute mich ungemein. Es machte mir Hoffnung. Und Mut.

Ich bot den Seminarbesuchern an, auch nach meiner Abreise jederzeit mit mir in Kontakt zu treten. Ich gab ihnen meine E-Mail-Adresse, meine Telefonnummer.

Bislang hat sich noch niemand gemeldet.

Sie möchten schon, doch sie dürfen nicht, sagte mir mein Freund Chen Lu. Sie trauen sich nicht. Jegliche Kontakte werden überwacht.

Wie dumm ist das denn, junge Ärztinnen und Ärzte zu überwachen?

Alle zu überwachen.

Ich warte weiter.

Voller Zuversicht.

Die Zeit wird kommen.

Ich zweifle keine Sekunde daran.

Wo alles endet – und neu beginnt

Es gab Momente in meinem Leben, an Orten, die ich gesehen habe, da war es, als tauchte ich ein in eine längst vergangene Zeit. In eine utopische Parallelrealität, in der sich die Menschheit anders – vor allem langsamer – entwickelt hat.

Zum Beispiel vor vielen Jahren im Karakorum-Gebirge.

Wir hatten allen Wahnsinn Pakistans hinter uns gelassen, die Moloche Rawalpindi und Islamabad, den Lärm, den Gestank, die Hektik, das Chaos. Nun liefen wir über einen Gebirgspfad immer tiefer ins Nirgendwo hinein, durch Gesteinsschluchten, auf wackeligen Holzbrücken über reißende Bäche.

Weg, immer weiter weg von dem, was wir Zivilisation nennen.

Wir, das waren wir Messner-Geschwister: Reinhold, unsere Bergikone. Helmut, unser Professor für Pädagogische Psychologie und Allgemeine Didaktik. Waltraud, Kindergärtnerin. Hansjörg, Psychoanalytiker. Werner, Doktor der Mathematik. Alle außer Erich, unserem Tierarzt, der aus beruflichen Gründen nicht mitkonnte. Hinzu kamen ein Großteil der Partnerinnen und Partner sowie die Kinder. Auch meine Frau Cristina und unsere Söhne Alex, Tim und Nik – Letzterer gerade einmal drei Jahre alt. Insgesamt bildeten wir eine bunte Truppe von dreiundzwanzig Personen.

Es war 2006, unser Vater war seit einundzwanzig Jahren tot, unsere Mutter seit elf Jahren. Wir waren dorthin unterwegs, wo wir vor vielen Jahren einen unserer Brüder verloren hatten. Günther. Mit vierundzwanzig Jahren viel zu früh aus dem Leben gerissen. Wir hatten uns als Familie vorgenommen, den Nanga Parbat, unseren Schicksalsberg, zu umrunden.

Nachdem Reinhold 1970 ohne den kleineren Bruder von der Expedition zurückgekehrt war, hatte es einen Riss in der Familie gegeben. Keinen offenen Streit, nein, das nicht, aber Unverständnis, stille Vorwürfe, Sprachlosigkeit.

Nun wollte Reinhold der Familie den großen, erhabenen, nackten Berg zeigen, an dem Günther am Fuß der Diamirflanke von einer Lawine verschüttet worden war.

Wir wollten gemeinsam Abschied nehmen – wieder zueinanderfinden.

Ich hatte mit Reinhold inzwischen zahlreiche Abenteuer erlebt. Zu zweit hatten wir Grönland von Süd nach Nord durchquert. Zu Fuß. Ohne technische Hilfsmittel und ohne Unterstützung von außen. Zu zweit wären wir bei dem Versuch, den Nordpol ebenso zu überqueren, beinahe ums Leben gekommen.

In den stürmischen Tagen und Nächten im Zelt hatten wir über vieles geredet, auch über die dunklen Stunden, als Reinhold ohne Günther vom Nanga Parbat zurückgekommen war, als ihm von einigen Expeditionsteilnehmern und Journalisten vorgeworfen wurde, den kleineren Bruder oben am Berg, in der Todeszone über 8 000 Meter, alleine gelassen zu haben.

Wir lernten, uns wieder zu vertrauen. Wie Geschwister sich vertrauen sollten.

Ich lernte, dass nicht nur wir, die Familie, sondern auch

er, *vor allem* er, Reinhold, seinen Bruder, seinen besten Freund, seinen liebsten Seilkameraden verloren hatte. Dass ihn das nie loslassen würde – und er sich dann und wann verloren vorkam.

Als Expeditionsarzt hatte ich Reinhold schon mehrmals zu den höchsten Bergen der Welt begleitet, etwa bis ins Basislager des Mount Everest und zur Südwand des Lhotse. Bereits im Jahr 2000 hatten wir uns mit zwei Freunden an der bis dahin unbestiegenen Nordflanke des Nanga Parbat versucht. Auf 7 200 Meter über dem Meer, am Ausstieg aus der Nordflanke, war aufgrund großer frischer Neuschneemengen jedoch kein verantwortliches Weiterkommen möglich gewesen.

Erst bei diesen Expeditionen hatte ich die Dimension dieser Ungeheuer von Bergen begreifen können, ihre massive Gewalt. Diese schier nicht enden wollende Größe. Erst da realisierte ich, dass man jemanden in diesen Bergen tatsächlich *verlieren* konnte.

Am Fuß der Diamirflanke, auf der Gletschermoräne, entdeckten wir durch Zufall einen Wadenknochen.

Ob der Günther gehörte?

Ein Jahr später fanden Einheimische seinen Bergschuh mit dem abgebrochenen Unterschenkelknochen und weitere sterbliche Überreste.

Im Jahr 2022 wurde der zweite Schuh gefunden.

Womit bewiesen war, dass Reinhold – damals selbst mit dem Tod ringend – ihn nicht oben in Gipfelnähe im Stich gelassen hatte, dass ihn vielmehr hier unten eine Lawine erfasst haben musste.

Mit der gesamten Familie waren wir nun erneut zum Nanga Parbat unterwegs, zunächst zum Basislager im Süden, unter der berüchtigten Rupalwand, später zum Fundort von Günthers Überresten unter der im Nordwesten gelegenen Diamirflanke, um im dortigen Lager endlich von ihm Abschied nehmen zu können.

Über eine steinige, steile und ausgesetzte Bergstraße erreichten wir eines Tages Tarshing, ein kleines Dorf mit rund zweihundert Einwohnern am Eingang zum Rupaltal.

In einer kleinen Mulde standen die einfachen Häuser aus Trockenmauern. Die Wiesen und terrassenförmig angelegten Gärten lagen saftig grün zwischen den hohen Bergen mit schneebedeckten Gipfeln. Ein Bach mit Gletscherwasser toste uns entgegen. Yaks grasten inmitten des Traumpanoramas.

Lachende Kinder liefen auf uns zu, tapsten neugierig um uns herum. Sie zeigten uns einen Platz in der Mitte des Dorfes, wo wir die Zelte aufstellen durften. Die Bewohner begrüßten uns freundlich und luden uns zum Essen ein, zu einem Eintopf, ähnlich unserer Gulaschsuppe.

Ja, das war alles noch pakistanisches Hoheitsgebiet – und doch eine entrückte Welt. Es regierte nicht die Islamische Republik; der Dorfälteste und dessen Rat, der ihn umgab, leiteten die Geschicke der Bewohner. Die ferne Zivilisation interessierte sich kaum für das Dorf im entlegenen Tal – und umgekehrt.

Wir gehörten vom Moment unserer Ankunft an dazu. Wir verteilten unter den Kindern Süßigkeiten, Schokolade, Gummibärchen, aber auch Farbstifte. Sie freuten sich, aßen, liefen weg, kamen mit Obst zurück. Für uns. Schmackhafte Marillen, Äpfel, Birnen.

Wir blieben einige Tage und merkten bald: Die Menschen hier strahlten eine wohltuende und ansteckende Zufriedenheit aus. Hoch über den Wiesen und Gärten hatten sie schon vor Jahrhunderten Waale errichtet, Bewässerungskanäle, gespeist vom Wasser der Gletscher, wie ich sie auch von den Bergbauernhöfen Südtirols kannte – auch von dem Hof hoch über dem Vinschgau, auf dem ich mittlerweile sommers mitarbeite.

Die Bewohner von Tarshing besaßen so wenig, hatten so vieles nicht, was wir als selbstverständlich erachten – und doch lebten sie keineswegs rückständig. Sie brauchten kaum materiellen Besitz. Gemüse, Hülsenfrüchte, Obst, Getreide und etwas Fleisch reichte ihnen zum Leben.

Diese Menschen lebten nach der Philosophie: *Das Gestern ist vergangen, das Morgen ist noch nicht da. Also leben wir das Jetzt.*

Damit waren sie uns uneinholbar weit voraus.

Ja, die Männer hatten das Sagen. Nach außen hin. Aber im Hintergrund waren es die Frauen, die, wenn auch verschleiert, alles bestimmten.

Ich kannte das von früher. In Villnöß war es nicht anders gewesen. Vor fünfzig Jahren noch. Wie so vieles andere auch, dem ich auf dieser Reise begegnete.

Wir zogen weiter, von Dorf zu Dorf. Es sprach sich schnell herum, dass ein Arzt im Tal war und Medikamente dabeihatte. Schon bald bildete sich nach der jeweiligen Tagesankunft immer wieder eine lange Schlange vor meinem Zelt. Ich half, wie ich nur konnte. Ich machte Visiten vom Morgengrauen bis tief in die Nacht.

Ich hatte zwei Plastiktonnen voll mit medizinischem Material mitgebracht, das ich vor der Abreise aus Südtiroler Apotheken zusammengesammelt hatte. Antibiotika, Schmerzmittel, Tabletten gegen Durchfall und Erbrechen, Salben, Verbands- und Nähmaterial.

Immer wieder untersuchte ich Kinder: Sie kämpften mit Infekten der oberen Luftwege, hatten chronischen Schnupfen, Husten, Durchfälle, sie litten an perforierten Mittelohrentzündungen, hatten Löcher im Trommelfell. Aber auch Erwachsene. Diese litten zumeist an chronischen Erkrankungen: an Asthma, Herzinsuffizienz und Diabetes. Sie hatten Nierenprobleme und Hautkrankheiten.

Eines Tages hörte ich vor meinem Zelt ein leises Weinen und aufgeregtes Rufen. Ein verzweifeltes Elternpaar hatte seinen verletzten Sohn aus einer etwas weiter entfernten Siedlung in einem eintägigen Fußmarsch zu uns gebracht. Gemeinsam mit einigen Nachbarn, die ihnen geholfen hatten, die Trage zu schleppen.

Der Junge hatte eine große klaffende Wunde am Bauch, es gibt kaum etwas Schmerzhafteres. Er hatte sich, so sagte man mir, beim Arbeiten verletzt.

Ich gab ihm Schmerzmittel und versuchte, die Eltern zu beruhigen, doch ich hatte keine Ahnung, wie ich ihm tatsächlich helfen sollte. Was er brauchte, war ein Chirurg. Ich hatte weder Operationsbesteck dabei noch Narkosemittel.

Ich versuchte, den Eltern zu erklären, dass ich nichts tun konnte.

Sie schauten mich ungläubig an. Sie verstanden mich nicht. Ich sei doch Arzt, sagten sie verzweifelt. Heiler.

Ja, ich bin Arzt, sagte ich. Heiler meinetwegen. Aber doch kein Wunderheiler.

Ich rang mit mir. Ich war kein Chirurg, ich wollte mir nicht anmaßen, das zu tun, was ich kaum konnte, was ich nicht gelernt hatte, worin ich kaum Erfahrung besaß. Schon gar nicht unter diesen Umständen.

Schließlich jedoch entschied ich, es trotz allem zu wagen. Die Alternative wären wohl eine schwere Infektion und der Tod gewesen.

Wir legten den Patienten auf eine Pritsche. Ich gab dem jungen Mann ein starkes Schmerzmittel und versuchte – während er bei vollem Bewusstsein war –, die Wunde zu nähen.

Meine Hände zitterten. Normalerweise passiert mir das nicht, wenn ich mich in meinem Arzttunnel befinde.

Ich machte eine Lokalanästhesie, säuberte und desinfizierte die verletzte Stelle am Bauch, nahm Nadel, Faden und eine chirurgische Pinzette in die Hand. Inzwischen hatte sich das halbe Dorf um mich versammelt.

Die wenigen verabreichten Medikamente wirkten auf wundersame Weise, viel besser als gedacht. Der Patient schien kaum etwas zu spüren. Das verwirrte mich. Für einen Europäer wären bei gleichem Vorgehen die Schmerzen unerträglich gewesen.

Die Muskeln in der Bauchdecke nähte ich mit einem selbst auflösenden Faden. Die Haut zog ich mit einer einfachen Einfachknopfnaht zusammen, so wie ich es Jahre zuvor gelernt hatte.

Am Ende deckte ich die Wunde ab. Würde alles halten? Ich wusste es nicht.

Der Patient schlief ein.

Ich gab den Eltern einige Schachteln Antibiotika, erklärte ihnen, wie sie sie zu verabreichen hatten, wie sie die Nähte entfernen mussten, mehr konnte ich nicht tun.

Der verletzte Junge erholte sich trotz des unter provisorischen Umständen durchgeführten chirurgischen Eingriffs beeindruckend schnell von seiner Verletzung, wie mir später berichtet wurde.

Er hatte – wie auch die vielen anderen Patientinnen und Patienten, die ich für die kurze Zeit im Tal medizinisch betreute – ein durch die harten Lebensbedingungen starkes Immunsystem, das noch nie mit unserer hoch entwickelten Medizin in Kontakt gekommen war. Anders als es bei uns der Fall ist, hatten sich daher keinerlei Resistenzen gegen die Wirkstoffe gebildet – so konnten diese optimal helfen.

Mir war das schon in den Tagen zuvor aufgefallen. Selbst eine halbe Tablette Aspirin erzeugte bei den Talbewohnern einen deutlich ausgeprägteren Effekt als bei uns, die wir uns längst an viele pharmakologische Behandlungen gewöhnt haben. Das war faszinierend, es verschaffte mir einen Blick zurück auf die Anfänge der modernen Medizin.

Ich verstand, dass wir uns in der westlichen Welt über die Generationen mit Arzneimittel überversorgt hatten. Ich verstand ebenso, dass ein vernünftiger und zurückhaltender Umgang mit unseren Medikamenten auch *uns* mehr helfen würde.

Eine zunehmende Vollkaskomentalität hat die Balance

aus körperlichem Widerstand und medizinischem Nutzen ins Wanken gebracht. Wir suchen bei jedem Wehwehchen den Arzt auf, und dieser verschreibt leider zu oft und zu schnell Medikamente, viel zu oft Antibiotika. Der Körper baut Resistenzen auf, da gibt es kein Zurück mehr. Ein Teufelskreis.

In diesen abgelegenen Gegenden funktionierte die moderne Medizin so, wie sie einst gedacht war und wie sie tatsächlich hilfreich ist.

Erschöpft, aber auch glücklich kroch ich Tag für Tag in meinen Schlafsack. Da war es wieder, das *echte* Arztsein, das ich im Krankenhaus in Bozen zunehmend vermisst hatte. Ich spürte, dass ich Teil eines großen Ganzen war, dass ich ein Puzzlestück war, das in diesen abgelegenen Dörfern gefehlt hatte. Ich wurde gebraucht, und was ich tat, war sinnvoll.

Das fühlte sich sehr, sehr gut an. Es versetzte mich zurück in meine Anfangstage als Arzt, als ich zum ersten Mal einem Kind helfen konnte, den Dank von hoffnungsfrohen Eltern spürte.

Während unserer Reise gab ich, was ich hatte. Manchen Menschen konnte ich helfen, anderen nicht. Den Diabetikern konnte ich nur raten, baldmöglichst ein Hospital aufzusuchen. Etwa in Gilgit, einem Ort mit 10 000 Einwohnern, oder in Islamabad, der Millionenstadt.

Doch da lachten sie nur. Sie waren noch nie in diesen Städten gewesen. Der Fußweg dahin war beschwerlich, zu lang, mal verschlammt, mal überschwemmt, mal durch Erdrutsche gesperrt. Man brauchte für die Reise mehrere Tage.

Die Städte waren eine fremde Welt für sie, vor der sie Angst hatten. Mit der sie nichts zu tun haben wollten.

Ich sagte ihnen, dann würden sie bald sterben.

Inshallah, antworteten sie.

So Gott will.

Der Herrgott wird's schon richten.

Ich war 10 000 Kilometer, sechzehn Flugstunden von meinem Heimatort St. Peter in Südtirol entfernt, und meine Jugend dort lag nun um die fünfzig Jahre zurück, und doch war plötzlich alles da. Vor meinem inneren Auge.

Inshallah.

Der Herrgott wird's schon richten. Der Herrgott wird's schon wissen.

Das sagten die Alten im Dorf meiner Kindheit, wenn sie krank waren, wenn sie sich verletzt hatten. Wenn die Salben, die sie in der Hausapotheke gebunkert hatten, nichts halfen, gingen sie nur widerwillig zum Dorfarzt, der damals noch Menschen- und Tierarzt in einem war. Wenn er sie ins Krankenhaus schicken wollte, sträubten sie sich.

Ich bemerkte hier in diesem hintersten pakistanischen Tal immer und immer wieder, dass ich nicht nur eine Familienreise angetreten hatte, eine Reise zu unserem gemeinsamen Selbst, sondern auch eine Reise in unsere Vergangenheit in Südtirol.

Ich saß im hintersten Pakistan und dachte ans hinterste Villnöß von damals.

Und an das von heute.

Und daran, was mit diesen Dörfern hier wohl in den kommenden Jahrzehnten passieren würde.

Das St. Peter des 21. Jahrhunderts hat sich in die rasante Welt draußen vor dem Tal eingegliedert. Nicht zu viel, nicht zu wenig. Die Bewohner immerfort ein klein wenig skeptisch, dann aber doch auch pragmatisch, dem nützlichen Neuen nicht gänzlich abgeneigt.

Es gibt einen Gemeindearzt, ein gut funktionierendes Gesundheits- und Bildungssystem, Arbeit und Wohlstand. Der Tourismus wurde, ganz im Sinne unseres Vaters, lange in Grenzen gehalten.

Man versuchte, langsam zu wachsen. Das ist gelungen. Lange Zeit. Doch dann lief irgendwann vieles aus dem Ruder. Einem Social-Media-Effekt geschuldet, aber gleichzeitig auch, weil Südtirol es lange Zeit versäumt hatte, den gewinnbringenden Tourismus in geregelte, annehmbare und nachhaltige Bahnen zu leiten.

Nun kommen seit Jahren Sommer für Sommer die Massen, besonders an den Wochenenden. Wer kann es ihnen verdenken? Auf den Almen, unter den Geislern, fühlst du dich dem Paradies nahe. Der Tourist bringt schnelles Geld und Wohlstand. Wer will das nicht?

Ich kann mich an die ersten Gäste im Tal noch bestens erinnern. Das war in den 1960er-Jahren. Es waren zunächst Italiener aus Mailand und Rom, die alle Jahre mit ihren Kindern wiederkamen und den ganzen Sommer über blieben; bald gesellten sich immer mehr holländische Familien dazu, die nicht ans Meer wollten, sondern in die Berge, in dieses autarke Tal.

Wir verstanden ihre Sprache nicht, spielten aber mit ihnen.

Wir in Lederhosen und Flanellhemden. Barfuß. Sie in langen Hosen aus feinem Marinetuch und in weißen Hemden. Mit Sandalen.

Wir verständigten uns irgendwie. Lachten viel miteinander.

Ein paar Handwerksbetriebe hatten begonnen, ein oder zwei Zimmer in ihren Häusern zu vermieten, sogenannte *Fremdenzimmer*. Die Fremden saßen mit am Familientisch, abends mit in der Stube. Ihnen wurde gezeigt, wie man bei uns im Tal Karten spielte, man nahm sie mit auf die Berge. Sie kamen immer wieder – und die Fremden wurden zu Freunden. Ihre Kinder und Kindeskinder kommen heute noch ins Tal, machen hier nostalgisch Ferien.

Erste Hotels wurden errichtet. Die Straße ausgebaut und asphaltiert.

Mancher Bewohner schmiedete verrückte Pläne: Warum Villnöß nicht doch mit dem großen Skizirkus in Gröden verbinden? Glücklicherweise gab es genug weitsichtige Köpfe im Tal, die sich dafür einsetzten, dass all das nie passieren sollte.

Ein ständiges Ringen zwischen Vernunft und Profitgier.

Das Dorf und das Leben blieben erhalten – trotz und wegen dieser Art Tourismus.

Der sanfte Wandel sicherte, brachte Wohlstand. Jungunternehmern und Handwerkern wurde ein kleines Gewerbegebiet zugewiesen, so entschieden sie sich zu bleiben. Vor Ort zu leben und zu investieren. Die Talbewohner gründeten eine eigene Energiegenossenschaft, sie errichteten ein eigenes Fernheizkraftwerk.

Standortnachteil?

Da schütteln die Villnößer den Kopf. Anderswo, so sagen sie, würden sie nie so tatkräftig, so selbstbewusst, so zufrieden ihrer Tätigkeit nachgehen.

Ich bin sicher, mein Vater wäre stolz auf seine Villnößer, würde er heute noch leben.

Ich bin ebenso sicher, die allerjüngste touristische Entwicklung, der *Hotspot*-Tourismus, würde ihn jedoch erschrecken.

Wie er auch mich und viele im Tal erschreckt.

Wenn ich in den vergangenen Jahren samstags oder sonntags oben auf unserer Alm saß, sah ich immer mehr und mehr Wochenendtouristen hinaufschnaufen. Besucher aus aller Welt.

Das idyllische Kirchlein St. Johann in St. Magdalena, im Talschluss, hatte es in den vergangenen Jahren zu trauriger Berühmtheit gebracht.

Als Folge einer mir unverständlichen Dynamik auf *Instagram* fallen die Horden darüber her. Sie zertrampeln die Wiesen des Bauern, um das beste Fotomotiv zu finden, um das Kirchlein abzuknipsen, um es online zu stellen, ins Netz, wo exakt das gleiche Foto schon millionenfach zu sehen ist.

Sie verweilen nicht, sie ziehen weiter. *Turisti mordi e fuggi* nennen die Italiener dieses neue Reisephänomen, das sie aus Florenz und Venedig kennen.

Der Tourist, der blitzschnell kommt, blitzschnell wieder verschwindet.

Kontakt zu den Einheimischen?

Keine Zeit.

Aneinandergereihte Busse voller Touristen, die die Landschaft lediglich konsumieren wollen, *all inclusive*.

Im stillen Tal meiner Eltern.

Was tun?

In Villnöß wird nun versucht, diesem plötzlich aufkeimenden Wahnsinn einen Riegel vorzuschieben. Ein neues öffentliches Mobilitätskonzept wurde ausgearbeitet und eine Kontingentierung beschlossen: Bald soll nur noch eine gewisse Zahl an Besucherautos pro Tag ins Tal dürfen.

Ein radikaler Entschluss. Aber ich finde, gegen radikalen Massentourismus hilft nur ein ebenso radikaler Schutz des Lebensraums.

Ein Tal ist kein Museum, kein Erlebnispark, die Berge sind keine *Event location*.

So ein Tal braucht Selbstbestimmung, sonst stirbt es. So ein Tal darf Wohlstand nicht ausschließlich monetär definieren, sonst verliert es alles. Es muss weiter auf Nachhaltigkeit setzen, jene Nachhaltigkeit, die früher, als ich noch ein Bub war, alternativlos war. Weil sie aus der Not heraus geboren war, weil es sich nur nachhaltig überleben ließ. So ein Tal muss seinen Naturschatz als einen Luxus ansehen, den es um keinen Preis opfern darf.

Und im hintersten Pakistan?

Wie, fragte ich mich damals 2006, würde das alles in zehn, zwanzig, fünfzig Jahren sein?

Eines hatte ich in den vielen Malen, an denen ich bereits an die entlegensten Orte der Welt gereist war, immer wieder beobachtet: Jedes noch so abgeschottete Dasein verändert sich. Die Zivilisation rückt vor.

Meistens geschieht das leider nicht langsam, nicht sanft, sondern überfallartig und rasant. Treffend traurig formulierte der Schriftsteller Hans Magnus Enzensberger dereinst den Teufelskreis: *Der Tourist zerstört das, was er sucht, indem er es findet.*

Das gilt selbst für jene Reisenden, die das Ruhige suchen, das Abgeschottete, das sogenannte Authentische – denn auch sie sind in den vergangenen Jahrzehnten so wahnsinnig viele geworden. Der Tourismus – beinahe jede Art – kennt keine Grenzen mehr, er wird zur zerstörerischen Massenlawine.

Die Welt befindet sich im steten Wandel, das gilt auch für die abgelegensten Dörfer in den abgelegensten Tälern. Aber gibt es tatsächlich keine Möglichkeiten eines gelingenden Austauschs zwischen *uns,* die wir als Touristen in diese Täler kommen, und *ihnen*? Ohne dass wir ihr Paradies zerstören, wie es schon so oft an vielen Orten passiert ist?

Ist das eine unrealisierbare, zu naive Wunschvorstellung?

Immer wieder stellte ich mir diese Fragen bei unserer Umrundung des Nanga Parbat.

Zumindest versuchen müsste man es doch, sonst gibt man von vornherein alles als verloren hin.

Ich hoffte so sehr, die Täler und Dörfer im Karakorum-Gebirge würden eine Überlebenschance haben. Ich hoffte so sehr, die Bewohner würden nicht eines Tages gezwungen sein, in die entfernten Städte zu ziehen, ihre Art des Lebens vollkommen aufzugeben.

Was die Menschen im Karakorum- und im angrenzenden Himalaja-Gebirge brauchten, waren und sind – neben einem nachhaltigen Tourismus – ein funktionierendes Schulsystem, Bildung, sauberes Wasser, Impfungen. Eine ärztliche Versorgung.

Mein Bruder Reinhold ließ in den vergangenen Jahrzehnten rund um den Nanga Parbat Schulen und medizinische Versorgungsstellen bauen und Lehrer ausbilden. Mit der Auflage, dass auch Mädchen unbeschränkten Zugang haben. An jede der Schulen ist ein medizinischer *point of care* angebunden. Eine ärztliche Mindestnahversorgung.

In den umliegenden Tälern gibt es heute Schulen und eine Gesundheitsversorgung; kleine Gesundheitszentren decken die entlegensten Orte ab.

Wenn sich ein Junge bei Arbeiten im Wald verletzt, gibt es jemanden, der ihn medizinisch betreut.

Die Hospitäler in größeren Städten wie Gilgit und Chilās wurden in der Zwischenzeit aufgerüstet, sie sind für das ganze Gebiet als Einrichtung für die Tertiärversorgung zuständig, auch für die Bergbevölkerung mit chronischen Erkrankungen.

Und doch fehlt es oft noch immer an so vielem. Weil die pakistanischen Behörden mit ihrem Gesundheitssystem nicht vorankommen. Oder vorankommen wollen.

Ich bin überzeugt: Wenn das dörfliche Leben stirbt, dann stirbt unser sozialer Kitt, so wie wir ihn kennen. Wenn Menschen, die mit der Natur und in der Natur leben, gezwungen sind, in die Stadt zu ziehen, nicht um dort zu *leben*, sondern um zu *überleben*, dann ändert sich unser gesellschaftliches Zusammenleben.

So ein Tal, so ein Dorf ist die Welt im Kleinen. Funktioniert ein Dorf, ein Tal, so kann auch die Welt funktionieren.

Immer, wenn ich jemanden sagen höre, dass sich die Welt nicht ändern lässt, denke ich an mein Heimatdorf St. Peter in Villnöß, aber auch an die Bergdörfer im Karakorum und mache mir die Lächerlichkeit dieser Aussage bewusst. Die Welt, so wie sie heute ist, ist zu einem großen Teil von uns so geschaffen worden, durch eine Unzahl an kleinen und großen Entscheidungen, kleinen und großen Abzweigungen, die wir genommen haben.

Wir hatten in Villnöß, unserem Ende der Welt, die Chance, langsam zu wachsen, langsam mit der Welt da draußen in Kontakt zu treten, zusammenzuwachsen. Autonom zu bleiben, wo es sinnvoll ist. Gutes ins Tal zu holen, das Schlechte, das wir hereingeholt haben, wieder zu tilgen. Es zumindest zu versuchen. Diese Chance sollten wir auch den Menschen in anderen Teilen der Welt bieten.

Sie brauchen sie dringend.

Wir sollten den Kontakt zu ihnen suchen und halten, aber nicht mit einer touristischen Überflutung, die alles früher oder später zerstört.

Vielmehr sollten wir als Reisende, als Besucher kommen, die zu Freunden werden. So können wir uns gegenseitig helfen. So können sie von uns, aber wir auch so viel von ihnen lernen.

Die Vielfältigkeit des schönen Lebens zum Beispiel.

Im Basislager der Rupalwand am Nanga Parbat saßen wir damals, 2006, schließlich alle zusammen. Reinhold, Helmut, Waltraud, Hansjörg, Werner, die beinahe ganze Familie samt Kindern. Wir schauten diese furchterregende 4 500 Meter hohe Wand hinauf. Nachts in den Zelten hörten wir die Lawinenabgänge.

Wir verstanden.

Am Fuße der Diamirflanke, wo die Asche von Günthers Überresten in einem *Chörten* – einem steinernen Kultbau der Tibeter – aufbewahrt ist, nahmen wir Abschied.

Wir nahmen uns an den Armen, drückten einander.

Dachten an die, die nicht mehr unter uns waren.

Und an das Schöne in der Welt.

4

DAS GLÜCK, DAS ZÄHLT

Ich blieb vorsichtig. War – natürlich – dreimal geimpft, mied Menschenmassen. Trug, wenn sich Ansammlungen nicht vermeiden ließen, konsequent eine *FFP2*-Maske. Schließlich gehörte ich in meinem Alter ja schon zur Risikogruppe. Fuhren wir zu den Eltern meiner Frau, zu ihrer achtundsiebzigjährigen Mutter und ihrem fünfundneunzigjährigen Vater, so testeten wir uns zuvor. *PCR*. Jeder zwei Mal. Zur Sicherheit.

Dennoch war mir klar, dass es auch mich früher oder später wohl erwischen würde. Für kurze Zeit hatten wir ja die Hoffnung, die Covid-Impfung könnte das Virus auf seiner Wanderung von Mensch zu Mensch stoppen, doch dem war nicht so.

Die Impfung schützt vor schweren Verläufen, das war eine große Errungenschaft, das rettete Leben. Dennoch ging die Möglichkeit, sich niemals anzustecken, gegen null. Wir können *SARS-CoV-2* nicht ausrotten, nur eindämmen. Hoffen. Lernen, damit zu leben.

Und so erwischte es auch mich. Und meine Frau. An einem sonnigen Wochenende im Juni 2022. Wir feierten den Abschied in die Pensionierung eines Arztes, eines Kollegen und Freundes aus der Pathologie, der jahrzehntelang mit mir am Krankenhaus von Bozen gearbeitet hatte.

Er lud uns auf eine Alm in den Dolomiten des Trentino ein, bei Baselga di Pinè. Wir feierten draußen, Ärztinnen und Ärzte aus vielen Krankenhäusern Norditaliens kamen zusammen, aus Verona, Padua, Turin. Freunde, die wir seit Jahren nicht mehr gesehen hatten, die in den Monaten der Pandemie bis zur Erschöpfung gearbeitet und ihr Leben dabei riskiert hatten.

Wir tranken Teroldego, grillten Rindersteaks von einem nahen Biobauern. Zum Abschied umarmten wir uns. Ein Moment der Unachtsamkeit. Wir konnten nicht anders. Es tat so gut.

Fünf Tage später fingen die Kopfschmerzen an. Ich testete mich, war positiv. Da war es nun also, das Virus, dem ich zwei Jahre lang aus dem Weg gegangen war. Nun war es in mir. Ich fühlte mich schlapp, unendlich müde. Ich isolierte mich in einem der Kinderzimmer. Unsere Söhne waren alle außer Haus. Sie studierten in Innsbruck und in Mailand.

Meine Frau Cristina stellte mir Essen und Tee vor die Tür. Wir telefonierten miteinander, obwohl wir nur zwei Zimmerwände voneinander entfernt waren.

Doch es half nichts. Zwei Tage später kam sie zu mir herein. Erst schaute ich überrascht, dann hielt sie mir einen Test unter die Nase. Ebenfalls positiv. Wir holten ein paar noch ungelesene Bücher aus dem Regal, setzten uns auf die Couch, machten Musik an. Ich vertiefte mich in die Schriften des dänischen Philosophen und Vordenkers der Existenzialisten Søren Kierkegaard, die ich schon lange mal studieren wollte.

Nach ein paar Tagen war alles vorbei. Zuerst bei mir, dann bei Cristina. Wir freuten uns über die milden Verläufe und unternahmen einen langen Spaziergang im nahen Montiggler Wald. Genossen die frische moosige Waldluft, das Gezwitscher der Vögel. Wir schmiedeten Pläne. Schon lange hatten wir vor, wieder einmal Urlaub zu machen. Bislang war meine Frau bei der Wahl der Ferienziele immer von mir und unseren drei Söhnen überstimmt worden.

Wir Männer wählten windige Sandstrände in Ägypten, Brasilien oder Namibia, um den ganzen Tag lang mit unseren Windsurf- und Kiteboards über das kristallklare Wasser zu gleiten und über die Wellen zu reiten. Nun kamen die Buben nicht mehr mit, sie arbeiteten über die Sommermonate. Und meine Frau forderte ihr gutes Recht ein, das Urlaubsziel zu wählen.

Kiten war nichts für sie.

Malediven, sagte sie also.

Zwei Wochen.

Wir genossen es sehr. Absolut nichts tun. Nur in der Sonne liegen. Cocktails schlürfen. Kierkegaard fertig lesen. Ein bisschen Schnorcheln am nahen Korallenriff. Es tat mir – uns – so gut.

Nur meine laufende Nase nervte. Es war eigenartig. Meine Nase lief sonst nie. Schon gar nicht im Sommer. Bei dreißig Grad im Schatten.

Ich verbrauchte zwei Packungen Taschentücher am Tag. Doch ich dachte mir nicht viel dabei.

Long COVID? Natürlich war mir das ein Begriff. Ich hatte in den vergangenen zwei Jahren alle wichtigen Studien dazu gelesen. Aber ich brachte es nicht mit mir in Verbindung.

Zurück in Südtirol, unternahm ich mit Cristina eine Bergtour. In meinem Heimattal Villnöß. Hoch auf den *Sass Rigais*, auf dessen Gipfel, auf 3 025 Metern über dem Meer, ich wohl schon um die dreißig Mal gestanden hatte. Zum ersten Mal mit fünf Jahren. Auch schon öfter gemeinsam mit meiner Frau und unseren Buben.

Stets lief ich voran, stets schimpfte sie mit mir, weil ich nicht langsamer ging, so ungeduldig war. Sie hatte ja recht, aber ich konnte nicht anders. Das steckt uns Messners wohl in den Genen. Langsam gehen, wandern, dazu sind wir nicht in der Lage.

Diesmal war alles anders.

Wir stiegen in den Klettersteig ein, bald überholte Cristina mich, ich musste immer wieder stehen bleiben, mich hinsetzen, durchatmen, Kraft sammeln. Am Gipfel, von wo sich das Panorama bis zum Langkofel, zur Sellagruppe, zum Monte Pelmo, zur Marmolata, zur Brenta, zum Ortler und zu den Zillertaler Alpen erstreckt, hatte sie bereits alle Köstlichkeiten aus dem Rucksack geholt, die wir mitgenommen hatten: Schüttelbrot, Speck, Alpenkäse, Äpfel und ein Fläschchen Prosecco.

Ich setzte mich zu ihr, verschwitzt, total erschöpft. Völlig außer Atem. Der Prosecco schmeckte mir nicht. Ich hatte keinen Appetit auf Speck – das hatte es bislang noch nie gegeben. Irgendetwas stimmte mit mir nicht.

Ist das jetzt das Alter?, dachte ich mir. Bin ich jetzt ein alter Mann? Geht es von nun an bergab? Muss jetzt *ich* das lernen, was ich immer gepredigt hatte, nämlich in Würde zu altern? Lockerzulassen?

Ach, versuchte ich, mich zu beruhigen, das wird schon wieder. Ich bin einfach die Höhe nicht mehr gewohnt. Schließlich bin ich während der Pandemie nie in den Bergen gewesen.

Man kann sich als Mensch so viel vormachen, wenn man nicht wahrhaben will, was offensichtlich ist. Wir Menschen sind begnadete Verdrängungskünstler.

Abends, zurück im Weindorf bei Bozen, in dem wir leben, bekam ich Fieber. Erneut überkam mich eine extreme Müdigkeit, wie ich sie aus der Covid-Infektion noch in Erinnerung hatte.

Ich schlief schlecht und unruhig, am Morgen fehlte mir die Kraft aufzustehen.

Was war bloß los mit mir?

Langsam begann ich, mir Sorgen zu machen.

Ich hatte noch nie Probleme, morgens aus dem Bett zu kommen. Dreißig Jahre lang war ich um zehn vor sechs aufgestanden. War wach, bevor der Wecker klingelte. Erwartete mit Freude den kommenden Tag.

Nun war es zehn. Ich drehte mich noch einmal um. Das Fieber ging nicht weg, Gliederschmerzen kamen hinzu. Hatte ich mir nach einer kurz zurückliegenden Infektion und drei Impfungen erneut das Virus geholt? Das konnte doch nicht sein.

Der Test war negativ.

Meine Brust schmerzte, so, als lägen schwere Gewichte auf mir. Mein Herz raste. Der Puls pochte mächtig im Hals. Die Appetitlosigkeit hielt an.

Kurz dachte ich an einen Herzinfarkt.

Aber nein, ich kannte Herzinfarktpatienten. Die Symptome waren andere.

Von einem auf den anderen Tag verschwand dann alles wieder. Wie ein böser Traum. Nur die Kraftlosigkeit blieb. Ich schaffte es nicht, die Treppen im Haus hochzugehen, ohne zu pausieren. Ohne mich mittendrin auf eine der Stufen zu setzen, auszuruhen.

Beinahe exakt auf den Tag zwei Wochen später war erneut alles wieder da. Fieber, Herzrasen, der Druck auf der Brust. Kurzatmigkeit. Beängstigend.

Langsam dämmerte es mir. Mit Schrecken. Was, wenn ich tatsächlich an einem *Long-COVID*-Syndrom leide?

Ich meldete mich bei einem befreundeten Kardiologen, auch bei einer Pneumologin, und fuhr nach Bozen, ließ mich untersuchen. Herzultraschall und Lungenröntgen. Mein Herz, meine Lunge, beides war in Ordnung. Aber das beklemmende Gefühl der Kurzatmigkeit und die Müdigkeit hielten an. Auch die Schmerzen bei tiefer Atmung im Brustbereich. Und das Herzrasen bei geringster Anstrengung.

Warum?

Zwei Wochen später hatte ich zum wiederholten Male Fieber, starke stechende Brustschmerzen, Herzrhythmusstörungen, beschleunigte Atmung, Müdigkeit, schnelle Erschöpfbarkeit.

Ich wiederholte ein EKG, einen Herzultraschall, machte Lungenfunktionsproben und verschiedene laborchemische Blutuntersuchungen. Mein Verdacht bestätigte sich.

Ich litt an einer Herzbeutelentzündung, einer *Perikarditis mit Ergussbildung*, so lautet der medizinische Fachbegriff.

Diagnose: *Long COVID*

Post-COVID-Syndrom.

Was nun?, fragte ich meinen befreundeten Arzt.

Wir arbeiteten gemeinsam noch einmal die wichtigsten Studien und Untersuchungen zu diesem neuen Krankheitsbild durch.

Aber die Datenlage zur *Long-Covid*-Problematik ist relativ unübersichtlich. Kurz: Wir wissen – noch – so wenig darüber. Das bislang gesammelte und ausgewertete Wissen besagt, dass diese Symptomatik einige wenige Monate anhalten kann, zwei, drei, manchmal länger. Ein halbes Jahr. Oder mehr.

Einer britischen Studie zufolge beträgt die Häufigkeit nach einer Delta-Variante circa 10–15 Prozent, nach einer Omikron-Variante sind es circa 5 Prozent. Bei Kindern liegt sie bei ungefähr 5–6 Prozent. Interessant ist, dass der Großteil der *Long-Covid*-Problematiken nach einem milden Verlauf auftritt.

Eine der forschungsmedizinischen Vermutungen lautet, dass das Virus getarnt im Körper persistiert. Eine andere folgt der Annahme, dass sich über eine verstärkte Immunreaktion sogenannte Autoantikörper gegen verschiedene Organe richten.

Solche Autoantikörper fanden sich in meinem Fall zwar nicht im Blut, erhöhte Entzündungsparameter jedoch schon.

Nun musst du dich in Geduld üben, Hubert, sagte mir mein befreundeter Arzt schließlich.

Du brauchst Zeit, Ausdauer, Kraft.

Patient, ich!, sagte ich mir. Ich!, der ich doch immerfort der gewesen war, der nicht im Bett lag, sondern als Arzt an der Bettkante stand. Wissend. Der Mut zusprach, keinen Zuspruch brauchte.

Nun war ich unwissend. Hilflos. Mit einem Krankheitsbild, das ich trotz einiger neuerer Studien nicht kannte. Das niemand so recht kannte.

Aber eines ist eindeutig: *Long Covid* ist ein Fakt und keine Fiktion.

Nur einmal in meinem Leben war ich längere Zeit an ein Krankenbett gefesselt gewesen. In Bozen, wo ich, damals sechsundzwanzig Jahre alt, gerade erst begonnen hatte, als Arzt zu arbeiten.

Bei einem Einsatz, mitten in der Nacht, betreute im Bauch des Rettungswagens einen Patienten, als uns ein Auto rammte. Ich flog durch die Kabine, riss mir den zweiten Halswirbel an. Ich wurde eingegipst, am ganzen Körper. Lag da, völlig unbeweglich. Wochenlang.

Ab und an kam ich im Laufe meines Lebens erneut als Patient in *mein* Krankenhaus zurück. Mit Sportverletzungen. Mit lädiertem Knie. Oder ausgekugelter Schulter. Sämtlich Skiunfälle.

Jahrelang führte ich Skitests für verschiedene Hersteller durch. Jedes Frühjahr trafen wir uns auf dem Gletscher in Sulden und testeten die neuesten Modelle der Saison, wobei wir sie bis zum Äußersten ausreizten.

Wir waren ein gutes Dutzend bunt gemischter junger Wilder, der Großteil davon ehemalige Skirennläufer. Hochdekorierte Pistenstars wie Gustav Thöni, Allrounder, Olympiasieger, fünffacher Weltmeister, vierfacher Gesamtweltcupsieger. Annemarie Moser-Pröll, ebenfalls Allrounderin, ebenfalls Olympiasiegerin, ebenfalls fünffache Weltmeisterin, sechsfache Gesamtweltcupsiegerin. Ernst Riedelsperger, Vizeweltmeister in der Kombination. Hansi Hinterseer, WM-Zweiter, Sieger im Riesenslalom-Weltcup. Fausto Radici, zwei Siege bei Weltcuprennen im Slalom. Maria Rosa Quario, vier Siege bei Weltcuprennen, ebenfalls im Slalom. Christian Neureuther, sechs Siege bei Weltcuprennen, auch im Slalom. Frank Wörndl, Weltmeister und Olympiazweiter im Slalom. Ingemar Stenmark, auch ein Allrounder, zweifacher Olympiasieger, fünffacher Weltmeister, dreifacher Gesamtweltcupsieger, und viele andere mehr.

Jede Abfahrt ein neuer Ski.

Hundert unterschiedliche Testmodelle in der Woche.

Wir testeten die Kurvenstabilität bei langem und kurzem Schwung, den Radius, Kantengriff, die Drehfreudigkeit, Laufruhe, den Kraftaufwand. Notierten alles auf einem Vordruck. Die gesamten Daten eines Skis wurden schließlich ausgewertet, zum Schluss ein Gesamturteil erstellt.

Als uns Anfang der 1990er-Jahre keine langen Bretter mehr, sondern die neu entwickelten Carving-Skier in die Hände gedrückt wurden, haute es mich, nicht so sehr die Profis, aufgrund der neuen Fahrtechnik immer wieder auf die Nase. Der Skischuh berührte die Piste, und man rutschte einfach weg.

Was für ein Gelächter.

Abends, kurz vor der Dämmerung, standen wir stets alle gemeinsam oben an der Bergstation. Fuhren gemeinsam los. Ein Rennen unter uns. Durch den Wald und den Tiefschnee hinab, Sprünge über die Felsen.

Frank Wörndl war dabei der Wildeste.

Der Härteste jedoch war Ingemar Stenmark.

Wenn wir uns bei Sturm in irgendeine Berghütte verkrochen, blieb Stenmark draußen. Trotzte dem Wetter.

Einmal brachte ich ihm einen Tee hinaus. Ingemar, komm doch zu uns. Er lehnte ab. Er sagte, er wolle sehen, wer zuerst aufgibt. Er oder der Sturm. Bislang sei immer noch der Sturm vorübergezogen.

Dann lachte er.

Ich mochte ihn.

Bewunderte ihn.

Raste hinter ihm die Piste hinab.

Ich übermütiger Tor. Immer wieder landete ich bei den Kollegen in Bozen. Mal das Knie, verdreht, überdehnt, ein Band gerissen. Mal die Schulter, luxiert, ein Stück Knochen ausgerissen.

Dann fluchte ich über mich selbst. Warum machte ich das? Die anderen waren alles ehemalige Profis! Ich war ein, wenn auch durchaus guter, Hobbyfahrer.

Ich war im Polarmeer geschwommen – allerdings unfreiwillig.

Ich wurde in der Arktis von einem Eisbären verfolgt.

Was wollte ich mir da jetzt noch beweisen?

Warum stand ich in jedem Frühjahr aufs Neue da oben am Gletscher?

Ich liebte einfach dieses kindliche Glück auf der Piste, ich liebte es, inmitten dieser Superstars zu stehen, die, aus der Nähe beobachtet, ebenso voller kindlicher Freunde die Piste hinunterrasten.

So voller Leidenschaft.

Lebensfroh.

Der Angst trotzend.

Nicht für Ruhm.

Nicht für Preisgeld.

Einfach so, weil es ihnen wahnsinnig Spaß machte.

Ich verstand, dass man auch im Erwachsenenleben versuchen musste, sich diese kindliche Freiheit und Freude zu gestatten.

Kind sein, auch als Erwachsener, bedeutet, frei zu sein.

Zu schweben.

Glücklich zu sein.

Nun lag ich da, pünktlich alle zwei Wochen.

Schwebte nicht.

Fieber, der Druck, dieser verdammte Druck auf der Brust, das Herzrasen. Die schwere Müdigkeit.

Es wollte einfach nicht vorübergehen. Ich verstand, was andere *Long-COVID*-Patienten berichteten.

Dass es noch nicht einmal die Schmerzen waren, die einen so sehr fertigmachten.

Sondern das Unwissen.

Kommt es wieder?

Ist es nach drei Monaten vorbei?

Mal bleibt es einen Tag länger aus, Hoffnung keimt auf. Doch am nächsten Morgen ist alles wieder da.

Ist es nach vier Monaten vorbei?

Müdigkeit und Kraftlosigkeit. Die ganze Zeit.

Hoffnung, Enttäuschung. Warten. Bessere Tage, schlechtere Tage. Unruhe, Nervosität. Ist es vorbei?

Dann schlägt das Virus wieder zu.

Das zehrt einen aus, machte mich völlig fertig.

Schluss jetzt, Hubert, sagte meine Frau irgendwann. Du musst das annehmen. Das gehört jetzt zu deinem Leben, zu unserem Leben, so lange, wie es eben dauert.

Ich bin so froh, in dieser Zeit nicht alleine gewesen zu sein. Glück, das ist auch die Nähe zu einem Menschen, der einen mag, liebt.

Ich versuchte, auf Cristina zu hören. Alles anzunehmen. Mich nicht zu verausgaben.

Pah! Wenn das so einfach wäre. Mein ganzes Leben lang hatte ich es geliebt, bis an die Grenzen zu gehen.

Das *war* mein Leben.

Nun war ich gefangen in mir selbst.

Ich kämpfte. Ich hielt es nicht aus.

Den Ratschlag, den ich vielen meiner Patienten immer wieder gegeben hatte, nämlich geduldig zu sein, ich schaffte es nicht, mich selbst daran zu halten.

Wenn es mir möglich war, spazierte ich durchs Dorf. Doch ich musste immer wieder stehen bleiben, mich gegen die mittelalterlichen Gemäuer lehnen, wenn der Schwindel mich wieder einmal packte. Rasten.

In der Bar bemerkte ich die Blicke der Besucher. Sie sahen, dass ich mich verändert hatte. Ich hatte schnell an Muskelmasse verloren, wirkte in mich zusammengefallen. Sie sahen das alles, nur ich wollte es nicht wahrhaben. Ich wollte das alles nicht annehmen. Nicht schwach sein. Schwach wirken.

Doch ich war es.

Ich fuhr ins Krankenhaus, um ehemalige Kolleginnen und Kollegen zu besuchen. Dort sprach mich eine junge Ärztin an.

Hubert, du siehst nicht gut aus, was ist los?

Ich bin ihr so dankbar, dass sie es tat.

Ich dachte an meinen alten Freund Rudolf.

Nein, mir geht es nicht gut, sagte ich ihr. Wie gut das tat!

Von da an beschloss ich, offen mit meiner Diagnose umzugehen.

Es half. Ich nahm auch Schmerzmittel, die ich bis dahin verweigert hatte, weil ich mir nicht eingestehen wollte, dass ich sie brauchte. Es linderte den Druck.

Niemand muss heute mehr Schmerzen durchstehen. Hatte ich das nicht immer gepredigt? Warum folgte ich meinen eigenen Grundsätzen nicht?

Immer wieder schaffte ich es, mich aus dem Loch zu ziehen, in das ich durch *Long COVID* gefallen war. Doch dann wurde dieses Loch erneut größer, tiefer.

Und wieder lag ich da. Dachte: War es das jetzt? Nie wieder Treppensteigen ohne Atemnot? Nie wieder auf den *Sass Rigais*? Nie wieder wie ein Verrückter eine Skipiste hinunterbrettern? Ich musste an meinen Freund Stenmark denken. Bleibt diesmal der Sturm, der an mir zerrt? Ist es diesmal an mir zu gehen?

Und wenn es so wäre?

Ich beschloss, Patient zu sein, ja, aber kein Opfer. Ich beschloss, das alles anzunehmen. Die Zeit zwischen den Fieberschüben zu nutzen. Das Glück, das zählt, zu suchen.

Glück! Was für ein Wort. Sei glücklich! Was für eine Bürde unserer Zeit. Sie schallt uns entgegen, allerorten. Sie schreit uns an von Werbeplakaten, aus unzähligen immerfort gegenwärtigen Selbstoptimierungsangeboten. Die verbissene Suche nach Glück beschert uns das Gegenteil. Glück steckt nicht im großen Versprechen, sondern in kleinen Alltäglichkeiten. Es steckt in der Resilienz – und im Optimismus.

Glück ist nicht bis ins Detail für alle Menschen gleich definierbar. Es ist etwas sehr Individuelles. Glück erfährt man nicht, indem man auf andere schaut, sondern nur, indem man tief in sich selbst hineinblickt.

Oft denke ich diesbezüglich an einen Satz Kierkegaards, der das schon in sehr jungen Jahren erkannt hatte. Er schreibt:

Das Vergleichen ist das Ende des Glücks und
der Anfang der Unzufriedenheit.

Die Fragen hin zum Glück sollten lauten: Was will *ich* eigentlich? Und: Was will ich *eigentlich*?
Fernab von gesellschaftlichen Vorgaben.

Glück steckt in uns allen, wir müssen nur bereits sein, es auch genau dort zu suchen. Nicht anderswo.

Wir leben im Wohlstand, klammern uns daran, suchen unser Heil im Konsum, nicht in der Zufriedenheit, nicht im Verzicht, stets im Großen, nie im Kleinen, wo es sich viel leichter finden lässt. Bei einem Treffen mit Freunden zum Beispiel, einem guten Buch, einem Spaziergang.

Auch Demut und Loslassen können Glück bedeuten. Das habe ich erst in den vergangenen Jahren verstanden – und dieses Verstehen genossen.

Wenn ich den Klettersteig auf den *Sass Rigais* nicht mehr schaffe, dann soll das so sein. Dann ist das der Lauf des Lebens.

Glück bedeutet auch, Angst zu überwinden. Vor allem die Angst vor Veränderung. Sie vielmehr als bereichernde Herausforderung zu sehen – und sich weiterzuentwickeln. Hin zum Besseren. Wir können an Herausforderungen wachsen. Sie gehören zum Leben, sind ganz normal.

Dabei können wir viel von den Kindern lernen. Kinder haben erst einmal keine Angst, sie begegnen dem Leben völlig unbekümmert. So bleibt es, wenn wir ihnen nicht unsere Unzufriedenheit, Hetze, unseren Pessimismus aufbürden. Wenn wir sie Kinder sein lassen, mit ihrer Neugierde, ihren Tagträumen, mit ihrer positiven, energiereichen Einstellung zum Leben.

Noch nie konnten wir so frei entscheiden, was und wer uns prägen soll, wie es uns heute möglich ist. Noch nie konnten wir so frei entscheiden, wie und wer wir sein wollen.

Wir können die Welt so gestalten, dass sie uns die Grundlagen für Glück bietet. Es liegt in unserer Hand. Wir können im Rahmen der uns gegebenen Umstände unser Leben und Zusammenleben so gestalten, umgestalten, dass wir einer guten Zukunft entgegentreten.

Die Instrumente dafür sind vorhanden: medizinischer Fortschritt, immense Bildungsmöglichkeiten, internationale Vernetzung von Wissen, Kultur. Die Fähigkeiten, die wir haben, sind beinahe unermesslich. Beeindruckend. Nutzen wir sie!

Die Welt ist heute nicht schlechter, als sie vor fünf oder fünfzehn Jahren war. Alles Schlechte ist nur viel näher an uns und unsere Komfortzone herangerückt. Aus den Fehlern der Vergangenheit lernen, vieles zum Guten wenden, das können nur wir selbst. Mit Menschlichkeit. Mit Zusammenhalt. Mit Intelligenz.

Glück, das ist der Mut zum Leben. Das Leben anzunehmen. Auszubrechen. Eigene neue Wege zu gehen. Herausforderungen zu suchen. Nicht verbissen, nicht zu perfektionistisch.

Glück steckt in der Selbstbestimmung, in der individuellen Planung und Gestaltung des eigenen Lebens. In freier Entscheidungsfähigkeit.

Das perfekte Leben gibt es nicht.

Ständiges Glück ebenso wenig.

Das ist auch gar nicht erstrebenswert.

Gegen Jahresende war es endgültig vorbei. Kein Fieber mehr, kein Herzrasen.

Zu Weihnachten saßen wir alle zusammen. Meine Frau, meine Söhne und ich.

Der geschmückte Weihnachtsbaum, die Krippe darunter.

Eine klare Weinsuppe, Gänsebraten, ein gute Flasche Lagrein.

Wir lachten viel. Waren fröhlich.

Die Müdigkeit lässt nach, die Kraft kommt zurück.

Der Sturm hat sich gelegt.
Ich bin so dankbar.
Und glücklich.

DANK

Ein ganz großer Dank geht an meine Frau Cristina und an meine Söhne Alex, Tim und Nik. Für die Liebe, die Geduld, dieses wundervolle gemeinsame Leben.

Ein Dankeschön geht außerdem an die Familie Holzner vom ganz zauberhaften Parkhotel Holzner in Oberbozen – für die Tage voller Inspiration und Schaffenskraft.

LITERATUR

Freud, Anna, *Kranke Kinder*, S. Fischer, 1972

Goethe, Johann Wolfgang von, *Italienische Reise*, C. H. Beck, 1981

Joyce, James, *Dubliner*, Manesse 2019

Ovid, *Metamorphosen*, Reclam, 1986

Kierkegaard, Søren, *Entweder – Oder*, dtv, 2005

Shakespeare, William, *Hamlet*, Reclam, 2014

Terzani, Tiziano, *Das Ende ist mein Anfang – Ein Vater, ein Sohn und die große Reise des Lebens*, Spiegel Buchverlag, 2006

Weber, Max, *Politik als Beruf*, Reclam, 1992

Der schmale Grat

Als Arzt und Abenteurer zwischen
Leben und Tod

Er kämpft für die Kleinsten und Zerbrechlichsten – eine Passion, die seine medizinische Laufbahn von Anfang an geprägt hat. Hubert Messner, der Bruder von Reinhold Messner, ist Neonatologe, Neugeborenenmediziner.

Wann beginnt das Leben? Wann ist es lebenswert? Und wann ist es besser, einen kleinen Patienten sanft gehen zu lassen? All diese Fragen bewegten ihn nicht nur als Chefarzt des Klinikums in Bozen, einer der renommiertesten Neugeborenen-Intensivstationen Europas, wo er zahlreiche Frühchen ins Leben geführt hat, sondern auch als Vater, dessen ältester Sohn viel zu früh zur Welt kam.

Oft sind es die Gratwanderungen, die Balanceakte zwischen den Extremen, aus denen man intensiv lernen kann. Das erfährt Hubert Messner auch, wenn er mit seinem Bruder Reinhold den Nanga Parbat in Angriff nimmt, Grönland durchquert oder sich zum Nordpol aufmacht. Immer gilt es, den Wert des Lebens zu spüren und in kritischen Momenten die richtige Entscheidung zu treffen.

978-3-453-60637-1

Leseprobe unter **www.heyne.de**